National Pastoral Plan for Hispanic Ministry

November 1987
National Conference of Catholic Bishops

In the 1983 Pastoral Letter, *The Hispanic Presence: Challenge and Commitment,* the National Conference of Catholic Bishops convoked the *III Encuentro Nacional Hispano de Pastoral* and pledged themselves to a National Pastoral Plan for Hispanic Ministry. The 1986 publication of *Prophetic Voices: The Document on the Process of the III Encuentro Nacional Hispano de Pastoral* was the basis for drafting *The National Pastoral Plan.* The first draft was submitted at the November 1986 General Meeting. Approval of the text by the body of bishops was given during the plenary assembly in Washington, D.C. in November 1987. Accordingly, publication of the *The National Pastoral Plan for Hispanic Ministry* is authorized by the undersigned.

Monsignor Daniel F. Hoye
General Secretary
January 19, 1988   NCCB/USCC

ISBN 1-55586-199-7

Contents

Preface / 1

I. Introduction / 2

II. Framework of Hispanic Reality / 4
    A. History / 4
    B. Culture / 4
    C. Social Reality / 5

III. Doctrinal Framework / 6
    Assessment / 6

IV. Spirituality / 7

V. General Objective / 7

VI. Specific Dimensions / 9
    A. *Pastoral de Conjunto: From Fragmentation to Coordination* / 9
        1. Background / 9
        2. Specific Objective / 9
        3. Programs and Projects / 9
            a) Pastoral Integration / 9
                (1) Integrate the common vision of the pastoral plan with NCCB/USCC. / 9
                (2) Share this common vision at different levels. / 9
                (3) Ensure Hispanic leadership in pastoral decision making. / 9
                (4) Promote multicultural experiences with other cultural minorities. / 9
            b) Coordination of Hispanic Pastoral Action / 10
                (1) Maintain multilevel structures to coordinate plan. / 10
                (2) Promote the *Pastoral de Conjunto* at the diocesan level. / 10
                (3) Promote the parish *Pastoral de Conjunto*. / 10
                (4) Develop diocesan coordination among small ecclesial communities. / 10
            c) In-Service Training for Hispanic Pastoral Action / 10
                (1) Pastoral Institutes and Centers to provide for the formation of pastoral agents. / 10
                (2) Develop the theological-pastoral growth of Hispanics. / 10
                (3) Employ resources of NCCB/USCC for integral development of Hispanic leadership. / 10
            d) Pastoral Communication / 11
                (1) Promote dialogue and cooperation among diverse groups for unity of criteria for pastoral action. / 11
                (2) Use media as instrument of evangelization. / 11
                (3) Train and raise the consciousness of pastoral ministers in use of mass communications media. / 11
                (4) Make available the newsletter, *En Marcha,* of the Secretariat for Hispanic Affairs to grass roots. / 11
    B. Evangelization: *From a Place to a Home* / 11
        1. Background / 11
        2. Specific Objective / 12
        3. Programs and Projects / 12
            a) Elaboration of Criteria and Training for the Creation, Development, and Support of Small Ecclesial Communities / 12
                (1) Bring together a "think tank" to prepare a workbook of guidelines for small ecclesial communities. / 12
                (2) Organize a national training session for regional teams. / 12

            (3) Invite diocesan directors of apostolic movements and pastors to a pastoral theological reflection on integral evangelization and small ecclesial communities. / 12

       b) Parish Renewal for Community Development and Missionary Outreach / 12

            (1) Create a welcoming and inclusive atmosphere culturally sensitive to the marginalized. / 12

            (2) Accompany existing movements and groups with vision of the pastoral plan. / 12

            (3) Promote the parish as a "community of communities." / 13

            (4) Train teams of visitors. / 13

            (5) Organize a pastoral visitation plan. / 13

            (6) Promote integration between faith and social justice. / 13

C. Missionary Option: *From Pews to Shoes* / 13

    1. Background / 13

    2. Specific Objective / 14

    3. Programs and Projects / 14

       a) Organization and Assistance for Farmworkers (Migrants) / 14

       b) Conscientization on Christian Social Responsibility and Leadership Development / 14

       c) Hispanics in the Military / 14

       d) Promotion of Family Life Ministry / 14

            (1) Analyze the variety of family expressions and specific pastoral issues. / 14

            (2) Publish results of forum or forums in a pedagogical format for use in small ecclesial communities. / 15

            (3) Disseminate material and encourage use at local level. / 15

       e) The Woman and Her Role in the Church / 15

       f) Youth Ministry / 15

            (1) Organization / 15

            (2) Networking / 15

            (3) National Encuentro for Hispanic Youth Regional Representatives / 15

D. Formation: *From Good Will to Skills* / 15

    1. Background / 15

    2. Specific Objective / 16

    3. Programs and Projects / 16

       a) Program of Reflection and Conscientization / 16

            (1) Foster theological-pastoral reflections for pastoral ministers. / 16

            (2) Organize study session by pastoral specialists. / 16

       b) Research Projects / 16

       c) Programs to Identify Candidates for Ordained Ministry and the Vowed Life / 16

            (1) Prepare Hispanic laity to become vocation recruiters. / 16

            (2) Place Hispanic vocations on the agenda of Hispanic lay organizations. / 16

            (3) Prepare vocation directors to recruit Hispanic candidates. / 17

            (4) Involve Hispanic parishioners in identifying candidates for priesthood and religious life. / 17

       d) Programs of Formation and Training / 17

            (1) Train Leaders from the people. / 17

            (2) Elaborate a program on the role of women in the history of Hispanics and in the Church. / 17

            (3) Elaborate a program for youth leaders and adult advisors. / 17

            (4) Collaborate with seminaries, centers, and houses of formation for persons preparing for ministry with the Hispanic people. / 17

            (5) Encourage formation programs for Hispanics and non-Hispanics to learn pastoral principles of Hispanics. / 17

            (6) Invite centers of bible studies and publication companies to produce materials for Hispanic use and understanding of the Bible. / 17

            (7) Convoke pastoral ministers to study effects of proselytism. / 18

e) Program of Elaboration of Materials / 18
    (1) For leaders to grow in faith and spirituality / 18
    (2) For leaders to develop in understanding and living the Word / 18
    (3) A workbook or manual for a continuous analysis of reality in the light of the Gospel and the teachings of the Church / 18
    (4) For pastoral ministers for use in small ecclesial communities / 18
    (5) Resources for information on immigration issues / 18
    (6) A handbook of guidelines on political rights and responsibilities / 18
    (7) A practical pamphlet of orientations on parent-children relations / 18
    (8) A pamphlet on popular religiosity / 18
    (9) Materials in the area of liturgy and spirituality / 18
    (10) Materials on natural family planning / 18

VII. Evaluation / 19
    A. Orientation / 19
    B. Specific Objective / 19
    C. Programs and Projects / 19
        1. Coordinate from the national level the total process of evaluation. / 19
        2. Provide training and formation at the regional and diocesan levels. / 19
        3. Evaluate the pastoral plan at the diocesan level. / 19
        4. Evaluate the pastoral plan at the regional level. / 20
        5. Evaluate the pastoral plan at the national level. / 20

VIII. Spirituality and Mistica / 21

IX. Appendices / 22
    A. Bibliography / 22
    B. Cross References / 23
    C. Organizational Chart / 25
    D. Terminology / 28

1 This pastoral plan is addressed to the entire Church in the United States. It focuses on the pastoral needs of the Hispanic Catholic, but it challenges all Catholics as members of the Body of Christ.[1]

We urge that the plan be studied carefully and taken seriously. The result of years of work involving thousands of people who participated in the III Encuentro, it is a strategic elaboration based on the conclusions of that Encuentro.

2 We, the Bishops of the United States, adopt the objectives of this plan and endorse the specific means of reaching them, as provided herein. We encourage dioceses and parishes to incorporate this plan with due regard for local adaptation. We do so with a sense of urgency and in response to the enormous challenge associated with the ever-growing presence of the Hispanic people in the United States. Not only do we accept this presence in our midst as our pastoral responsibility, conscious of the mission entrusted to us by Christ,[2] we do so with joy and gratitude. For, as we stated in the pastoral letter of 1983, "At this moment of grace we recognize the Hispanic community among us as a blessing from God."[3]

We present this plan in a spirit of faith—faith in God, that he will provide the strength and the resources to carry out his divine plan on earth; faith in all the People of God, that all will collaborate in the awesome task before us; faith in Hispanic Catholics, that they will join hands with the rest of the Church to build up the entire Body of Christ. We dedicate this plan to the honor and glory of God and, in this Marian Year, invoke the intercession of the Blessed Virgin Mary under the title of Our Lady of Guadalupe.

---

1. 1 Corinthians 12:12-13.

2. Matthew 28:18-20.

3. National Conference of Catholic Bishops, *The Hispanic Presence: Challenge and Commitment* (= HP), pastoral letter of the U.S. Bishops (Washington, D.C.: USCC Office of Publishing and Promotion Services, 1983) no. 1.

I. Introduction

3 This *National Pastoral Plan* is a result of the commitment expressed in our pastoral letter on Hispanic ministry, *The Hispanic Presence: Challenge and Commitment.*

> We look forward to reviewing the conclusions of the *III Encuentro* as a basis for drafting a National Pastoral Plan for Hispanic Ministry to be considered in our general meeting at the earliest possible date after the *Encuentro.*[4]

This plan is a pastoral response to the reality and needs of the Hispanic people in their efforts to achieve integration and participation in the life of our Church and in the building of the Kingdom of God.

4 Integration is not to be confused with assimilation. Through the policy of assimilation, new immigrants are forced to give up their language, culture, values, and traditions and adopt a form of life and worship foreign to them in order to be accepted as parish members. This attitude alienates new Catholic immigrants from the Church and makes them vulnerable to sects and other denominations.

By integration we mean that our Hispanic people are to be welcomed to our church institutions at all levels. They are to be served in their language when possible, and their cultural values and religious traditions are to be respected. Beyond that, we must work toward mutual enrichment through interaction among all our cultures. Our physical facilities are to be made accessible to the Hispanic community. Hispanic participation in the institutions, programs, and activities of the Church is to be constantly encouraged and appreciated. This plan attempts to organize and direct how best to accomplish this integration.

5 The plan has its origins in our pastoral letter, and it is based on the working document of the III Encuentro and the Encuentro conclusions. It takes seriously the content of these documents and seeks to implement them.

It takes into account the sociocultural reality of our Hispanic people and suggests a style of pastoral ministry and model of Church in harmony with their faith and culture. For this reason it requires an explicit affirmation of the concept of cultural pluralism in our Church within a fundamental unity of doctrine as expressed so many times by the Church's magisterium.[5]

This plan employs the methodology of a *Pastoral de Conjunto* where all the elements of pastoral ministry, all the structures, and all of the activities of pastoral agents—both Hispanic and non-Hispanic—are coordinated with a common objective in view. To integrate this plan into the planning process of church organization, departments, and agencies at all levels (national, regional, diocesan, parish) will require local adaptation so that all elements of pastoral ministry are operating in unison.

The plan's general objective is a synthesis of the prophetic pastoral guidelines approved at the III Encuentro. It provides the vision and orientation for all pastoral activity.[6]

This document is also a response to the proselytism of the sects. Its effectiveness requires the renewal of our parish structures, active participation by pastors and administrators, and a renewed missionary attitude at all levels of our Church.[7]

6 Pastoral planning is the effective organization of the total process of the life of the Church in fulfilling her mission of being a leaven of the Kingdom of God in this world. Pastoral planning includes the following elements:

- analysis of the reality wherein the Church must carry out her mission;
- reflection on this reality in light of the Gospel and the teachings of the Church;
- commitment to action resulting from this reflection;
- pastoral theological reflection on this process;
- development of a pastoral plan;
- implementation;
- ongoing evaluation of what is being done;
- and, the celebration of the accomplishment of this life experience, always within the context of prayer and its relationship to life.

Pastoral de Conjunto is a coresponsible, collaborative ministry involving coordination among pastoral agents of all of the elements of pastoral life and the structures of the same in view of a common goal: the Kingdom of God.

This pastoral plan is a technical instrument which organizes, facilitates, and coordinates activities of the Church in the fulfillment of her evangelizing mission. It is at the service of the *Pastoral de Conjunto.* It is not only a methodology, but an expression of the essence and mission of the Church, which is communion.

4. Ibid. no. 19.

5. Pope Paul VI, *Evangelii Nuntiandi* (= EN), apostolic exhortation (On Evangelization in the Modern World) (Washington, D.C.: USCC Office of Publishing and Promotion Services, 1975), no. 20; Cf. Second Vatican Council, *Gaudium et Spes* (= GS) (Pastoral Constitution on the Church in the Modern World) no. 153; National Conference of Catholic Bishops, *Cultural Pluralism in the United States* (= CP), statement by the USCC Committee on Social Development and World Peace (Washington, D.C.: USCC Office of Publishing and Promotion Services, 1981): 8.

6. III Encuentro Nacional Hispano de Pastoral, *Prophetic Voices: The Document on the Process of the III Encuentro Nacional Hispano de Pastoral,* (= PV) (Washington, D.C.: USCC Office of Publishing and Promotion Services, 1987).

7. Vatican Secretariat for Promoting Christian Unity, *Sects or New Religious Movements: Pastoral Challenge,* (Washington, D.C.: USCC Office of Publishing and Promotion Services, 1986) p.15 n. 5.3-5.4

PASTORAL PLANNING PROCESS

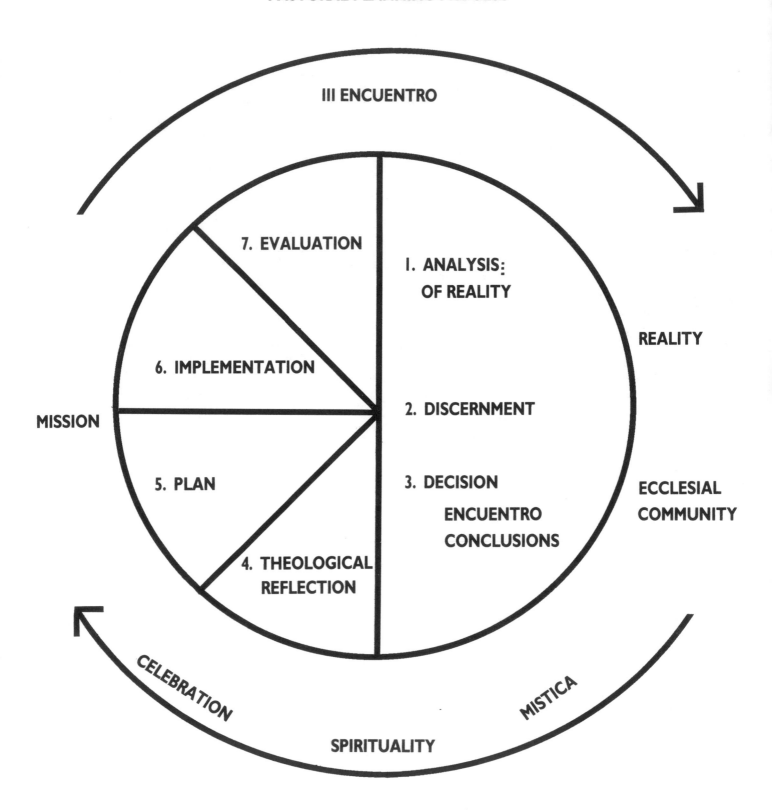

III ENCUENTRO

REALITY

ECCLESIAL
COMMUNITY

7. EVALUATION

I. ANALYSIS:
OF REALITY

6. IMPLEMENTATION

2. DISCERNMENT

MISSION

3. DECISION

ENCUENTRO
CONCLUSIONS

5. PLAN

4. THEOLOGICAL
REFLECTION

CELEBRATION

MISTICA

SPIRITUALITY

II. Framework of Hispanic Reality

A. History

7 The Hispanic presence in the Americas began immediately with Christopher Columbus' first voyage of discovery in 1492, and the first Christian evangelization began in 1493 with the Spanish settlements on Hispaniola. The event was more encounter than discovery because Europeans rapidly intermingled with native Americans of high and sophisticated cultures, thus launching a new age and a new people—a true mestizaje.

In search of land and labor, Spaniards soon encountered the region that would one day become the United States. In 1513 Ponce de Leon probed the coasts of La Florida; then, Panfilo de Narvaez attempted the settlement of Florida in 1527 while Nuno de Guzman at the same time pressed overland north of Mexico. Survivors of Narvaez' failed expedition brought word of many tribes and great wealth. Fray Marcos de Niza responded in 1539 by preceding the great expedition of Francisco Vasquez de Coronado into the flanks of the Rockies. A year later Fray Juan Padilla gave his life as a martyr on the Kansas plains. Padre Luis Cancer, a Dominican missionary, poured out his life in Florida in 1549. Despite the setbacks in conversion Pedro Menendez de Aviles forged ahead by founding the city of San Agustin in 1565. Jesuit missionaries moved into Chesapeake Bay only to vanish long before Roanoke. A map of 1529 illustrated by the royal Spanish cartographer, Diego Ribero, shows that missionaries and explorers arrived as far north as present day Maryland, New York, and New England, and gave Spanish names to the rivers and mountains they saw. Far to the west, adventurers probed into New Mexico where missionaries lost their lives in futile attempts at evangelization; not until Juan de Onate arrived in 1598 with scores of new settlers did stability finally come. Generations before the Pilgrims tenuously built their colonies, Spanish missionaries struggled to bring the Americas into the fold of Christ.

8 In the 17th century Franciscan missionaries raised elegant churches in the Pueblo towns of New Mexico; Jesuits along the western slopes of New Spain wove scattered Indian rancherias into efficient social systems that raised the standard of living in arid America. But the primacy of evangelization as a cornerstone of Spanish royal policy was swept away by political ambitions in the 18th century; the missions fell victim to secularism. First, the Jesuits were exiled and the order suppressed; Franciscans and Dominicans tried valiantly to stem the tide of absolutism, but their numbers dwindled rapidly and the Church's service to the poor crumpled.

Independence swept Mexico, and the northern provinces of New Spain, now the states of a new republic, fell to the invading armies of the United States. Under the provisions of the Treaty of Guadalupe Hidalgo in 1848, the old mission territories were annexed to the burgeoning United States. Spanish Florida and Louisiana, for a while French, were stars in the blue field of conquest; and from the Mississippi to the Pacific shores the frontiers of mestizaje were put under Anglo law and custom.

9 The 19th century was characterized by decades of neglect and adjustment. Hispanic and Native American populations were ill served and overlooked. The people of the mainland continued to move north as they had for more than a millennium; only now they encountered a new tide of empire which was inundating old familiar places and families.

Political and social conditions in the 20th century have only enhanced the northern migration. New avenues of immigration opened from the island nations; Puerto Ricans, Cubans, and Dominicans poured into the Eastern seaboard. Mexicans continued to trek north to find work and opportunities. And the worsening conditions of Central and South America have added thousands to the stream of immigrants who speak a language once dominant in North America and now scorned by all too many who remain ignorant of the deep cultural power it exercises throughout the world.

The United States of America is not all America. We speak of the Americas to describe a hemisphere of many cultures and three dominant languages—two from the Iberian peninsula and one from a North Atlantic island. Since the Church is the guardian of the mission of Jesus Christ, it must forever accommodate the changing populations and shifting cultures of mankind. To the extent the Church is impregnated with cultural norms, to that extent it divides and separates; to the extent it replaces cultural norms with the primacy of love, it unites the many into the Body of Christ without dissolving difference or destroying identity.

B. Culture

10 The historical reality of the Southwest, the proximity of countries of origin, and continuing immigration, all contribute to the maintenance of Hispanic culture and language within the United States. This cultural presence expresses itself in a variety of ways: from the immigrant who experiences "culture shock," to the Hispanic whose roots in the United States go back several generations and who struggles with questions of identity while often being made to feel an alien in his own country.

Despite these differences, certain cultural similarities identify Hispanics as a people. Culture primarily expresses how people live and perceive the world, one another, and God. Culture is the set of values by which a people judge, accept, and live what is considered important within the community.

Some values that make up the Hispanic culture are a "profound respect for the dignity of each *person* . . . deep and reverential love for *family life* . . . a marvelous sense of *community* . . . a loving appreciation for God's gift of *life* . . . and an authentic and consistent *devotion* to Mary . . . ."[8]

Culture for Hispanic Catholics has become a way of living out and transmitting their faith. Many local practices of popular religiosity have become widely accepted cultural expressions. Yet the Hispanic culture, like any other, must continue to be evangelized.[9]

C. Social Reality

11 The median age among Hispanic people is 25. This plus the continuous flow of immigrants ensures a constant increase in population.

Lack of education and professional training contribute to high unemployment. Neither public nor private education has responded to the urgent needs of this young population. Only eight percent of Hispanics graduate at the college level.[10]

Families face a variety of problems. Twenty-five percent of the families live below the poverty level, and 28 percent are single parent families.[11]

Frequent mobility, poor education, a limited economic life and racial prejudice are some of the factors that result in low participation in political activities.

As a whole, Hispanics are a religious people. Eighty-three percent consider religion important. There is an interest in knowing more about the Bible and a strong presence of popular religious practices.[12]

Despite this, 88 percent are not active in their parishes. On the other hand, the Jehovah's Witnesses, pentecostal groups, and other sects are increasing within the Hispanic community. According to recent studies, the poor, men, and second generation Hispanics are those who least participate in the life of the Church.[13]

8. HP, no. 3.
9. EN, no. 20

10. Census Bureau, December; 1985
11. Ibid.
12. Roberto Gonzalez and Michael LaVelle, The Hispanic Catholic in the United States: A Socio-Cultural and Religious Profile (Northeast Catholic Pastoral Center for Hispanics, Inc., 1985).
13. Ibid.

III. Doctrinal Framework

Assessment

12 1. The Catholic heritage and cultural identity of Hispanics are threatened by the prevailing secular values of the American society. They have marginal participation in the Church and in society; they suffer the consequences of poverty and marginalization.

2. This same people, due to its great sense of religion, family, and community, is a prophetic presence in the face of the materialism and individualism of society. Since the majority of Hispanics are Catholic, their presence can be a source of renewal within the Catholic Church in North America. Because of its youth and growth, this community will continue to be a significant presence in the future.

3. The current pastoral process offers some exciting possibilities on both social and religious levels: more active participation in the Church, a critique of society from the perspective of the poor, and a commitment to social justice.

4. As the year 1992 approaches celebrating the five-hundreth anniversary of the evangelization of the Americas, it is more important than ever that Hispanics in the United States rediscover their identity as well as their Catholicity, be reevangelized by the Word of God, and forge a much needed unity among all Hispanics who have come from the entire spectrum of the Spanish-speaking world.

13 The mission of the Church is the continuation of Jesus' work: to announce the Kingdom of God and the means for entering it.[14] It is the proclamation of what is to come and also an anticipation of that plenitude here and now in the process of history. The Kingdom which Jesus proclaims and initiates is so important that, in relation to it, all else is relative.[15]

The Church, as community, carries out the work of Jesus by entering into the cultural, religious, and social reality of the people, becoming incarnate in and with the people, "in virtue of her mission and nature she is bound to no particular form of human culture, nor to any political, economic, or social system.[16] Therefore, she is able to preach the need for conversion of everyone, to affirm the dignity of the human person, and to seek ways to eradicate personal sin, oppressive structures, and forms of injustice.

14 The Church in its prophetic voice denounces sin and announces hope and in this way continues the historic and tangible presence of Jesus. Since Jesus proclaimed Good News to the poor and liberty to captives,[17] the Church continues to make an option for the poor and the marginalized.

The Church likewise identifies with the risen Christ, who reveals himself as the new creation, as the proclamation and realization of new values of solidarity among all: through his simplicity, in peace, through the proclamation of his Kingdom which implies a new social order; through a new style of Church as leaven; and above all, through his gift to us of his Spirit.

15 This Spirit unites the members of the community of Jesus intimately one with another, all in Christ with God. Our solidarity comes from this indwelling Spirit of Christ. The Spirit impels the community to accomplish in life a prophetic commitment to justice and love and helps it to live, within an experience of missionary faith, its union with the Father.

This responsibility falls on the whole Church—the People of God: the Pope and bishops, priests, religious, and laity, who with a sense of coresponsibility must accomplish Jesus' work. All this is expressed in a singular way in the Eucharist. It is here that Jesus offers himself as victim for the salvation of all and challenges the entire People of God to live out the commitment of love and service.

---

14. Matthew 28:18-20
15. PV, "A Pastoral Theological Reflection."

16. GS, no. 42
17. Luke 4:18-19

16 The spirituality or *mistica* of the Hispanic people springs from their faith and relationship with God. *Spirituality is understood to be the way of life of a people, a movement by the Spirit of God, and the grounding of one's identity as a Christian in every circumstance of life.* It is the struggle to live the totality of one's personal and communitarian life in keeping with the Gospel; spirituality is the orientation and perspective of all the dimensions of a person's life in the following of Jesus and in continuous dialogue with the Father.

Since spirituality penetrates the totality of life, it is likewise made manifest in a multitude of expressions. At this particular moment of its journey, Hispanic Catholics are revealing their spirituality through the nine prophetic pastoral guidelines of the III Encuentro, which have been summarized in the *General Objective* and *Specific Dimensions* of this plan. The pastoral plan is thus not only a series of goals and objectives, but also a contribution to the development, growth, and fruition of the people's life of faith as discerned in the Spirit of God and incarnated in our time.

V. General Objective

17

TO LIVE AND PROMOTE . . .
by means of a *Pastoral de Conjunto*
a MODEL OF CHURCH that is:
communitarian, evangelizing, and missionary,
incarnate in the reality of the Hispanic people and
open to the diversity of cultures,
a promoter and example of justice . . .
that develops leadership through integral education . . .
THAT IS LEAVEN FOR THE KINGDOM OF GOD IN SOCIETY

SITUATION FRAMEWORK OF THE HISPANIC COMMUNITY

HISTORY
CULTURE
SOCIAL REALITY

DOCTRINAL FRAMEWORK

LIFE AND MISSION OF JESUS AND THE CHURCH

ASSESSMENT

GENERAL OBJECTIVE

To live and promote by means of a *Pastoral de Conjunto* a model of church that is: communitarian, evangelizing, and missionary; incarnate in the reality of the Hispanic people and open to the diversity of cultures; a promoter and example of justice; active in developing leadership through integral education; leaven for the Kingdom of God in society.

SPECIFIC DIMENSIONS

PASTORAL DE CONJUNTO
EVANGELIZATION
MISSIONARY OPTION
FORMATION

PASTORAL DE CONJUNTO:
From Fragmentation to Coordination

To develop a *Pastoral de Conjunto*, which through pastoral agents and structures, manifests communion in integration, coordination, in-servicing, and communication of the Church's pastoral action, in keeping with the general objective of this plan.

EVANGELIZATION:
From a Place to a Home

To recognize, develop, accompany, and support small ecclesial communities and other church groups (e.g., Cursillos de Cristiandad, Movimiento Familiar Cristiano, RENEW, Charismatic Movement, prayer groups, etc.) which in union with the bishop are effective instruments of evangelization for the Hispanic people. These small ecclesial communities and other groups within the parish framework promote experiences of faith and conversion, prayer life, missionary outreach and evangelization, interpersonal relations and fraternal love, and prophetic questioning and actions for justice. They are a prophetic challenge for the renewal of our Church and humanization of our society.

MISSIONARY OPTION:
From Pews to Shoes

To promote faith and effective participation in Church and societal structures on the part of these priority groups (the poor, women, families, youth) so that they may be agents of their own destiny (self-determination) and capable of progressing and becoming organized.

FORMATION:
From Good Will to Skills

To provide leadership formation adapted to the Hispanic culture in the United States that will help people to live and promote a style of Church that will be leaven of the Kingdom of God in society.

EVALUATION

CELEBRATION- SPIRITUALITY-MISTICA

18 The four specific dimensions wherein the general objective is made explicit are:

- A. *Pastoral de Conjunto: From Fragmentation to Coordination*
- B. Evangelization: *From a Place to a Home*
- C. Missionary Option: *From Pews to Shoes*
- D. Formation: *From Good Will to Skills*

A. Pastoral de Conjunto: *From Fragmentation to Coordination*

1. Background

19 The Hispanic Catholic experiences a lack of unity and communion in the Church's pastoral ministry.

There is a lack of union and coordination in criteria, vision, goals, and common actions, as well as a lack of fraternity, communion, and team work in the various aspects of pastoral ministry. The challenge here is for the laity, religious, and clergy to work together.

The process of the III Encuentro emphasized certain key elements of the *Pastoral de Conjunto:* broad participation by the people, small communities, small groups; team work; integration of different pastoral areas; a common vision; interrelating among the dioceses, regions, and the national level; openness to the needs of the people and to the universality of the Church. These key elements are to be joined to already existing efforts in Hispanic pastoral ministry throughout the country. Many dioceses are already providing offices and resources for Hispanic ministry. Although much has been done, the needs are still great.

20 These experiences help the Hispanic people to live the Church as communion. The *Pastoral de Conjunto* manifests that communion to which the Church is called in its fullest dimension. The Hispanic people wish to live this communion of the Church not only among themselves but also with the different cultures which make the Church universal here in the United States.

Greater participation by Hispanic Catholics in the total life of the Church will make possible their authentic integration and help the Church to become an even greater presence and leaven of communion in our society.

2. Specific Objective

21 To develop a *Pastoral de Conjunto* which, through pastoral agents and structures, manifests communion in integration, co-ordination, in-servicing, and communication of the Church's pastoral action, in keeping with the general objective of this plan.

3. Programs and Projects

a) Pastoral Integration

22 (1) To integrate the common vision of this *National Pastoral Plan* in all the structures of the NCCB/USCC, which are responsible for pastoral action and education.

How: The Secretariat for Hispanic Affairs will meet with the directors of the departments of the NCCB/USCC to seek to integrate Hispanic pastoral activity within the existing structures.

When: In accordance with the normal channels for plans and programs and budget procedures of the respective entities involved (NCCB/USCC).

Responsible Agent: Secretariat for Hispanic Affairs.

23 (2) To share the common vision of the *National Pastoral Plan* at different levels: diocese, area (e.g. deaneries, vicariates, etc.), parish, apostolic movements, and organizations, so that they may respond to this missionary thrust in evangelization.

How: On the diocesan or area level—convocation of priests and diocesan personnel by the diocesan bishop; on the area or parish level—gathering by the area Hispanic Center or groups, the pastor of parish organizations and pastoral ministers; on the level of apostolic movements and organizations—gatherings with national leaders of movements to seek the best way to implement the *National Pastoral Plan.*

When: In accordance with the normal channels for plans and programs and budget procedures of the respective entities involved.

Responsible Agents: Diocesan level: the diocesan bishop, the vicar, Hispanic office, area coordinator; Parish: pastor; Organizations and apostolic movements: national directors, Secretariat for Hispanic Affairs.

24 (3) To ensure Hispanic leadership in pastoral decision making at all levels.

How: Priority funding for leadership competency; hiring Hispanics for pastoral decision making positions at all levels.

When: In accordance with the normal channels for plans and programs and budget procedures of the respective entities involved.

Responsible Agents: NCCB/USCC, the diocesan bishop, vicars, pastors, and other personnel directors.

25 (4) Promote understanding, communion, solidarity, and multicultural experiences with other cultural minorities.

How: Sharing the common vision and plan with existing church organizations.

When: In accordance with the normal channels for plans and programs and budget procedures of the respective entities involved (NCCB/USCC).

Responsible Agents: NCCB Committee for Hispanic Affairs and the Secretariat for Hispanic Affairs.

b) Coordination of Hispanic Pastoral Action

26 (1) Maintain or create structures on the national, regional, and diocesan levels to ensure effective coordination of Hispanic pastoral life according to this plan. The secretariat, the regional and diocesan offices and institutes are indispensable in carrying out the coordination and continuity of this plan, as well as the formation of pastoral ministers with this common vision. The creation of pastoral centers and offices is advised in those dioceses where they do not exist and are needed, as is the coordination of those in existence.

How: Economically ensuring the existence of these offices and institutes; through the creation of coordinating teams at the national, regional, and diocesan levels to carry out this *Pastoral de Conjunto.*

When: In accordance with the normal channels for plans and programs and budget procedures of the respective entities involved (NCCB/USCC).

Responsible Agents: NCCB Committee for Hispanic Affairs, Secretariat for Hispanic Affairs, regional offices, and diocesan offices.

27 (2) Promote the *Pastoral de Conjunto* at the diocesan level through the creation of a diocesan pastoral plan in order to adopt and implement this *National Pastoral Plan* in each diocese according to its own reality.

How: Creating a diocesan pastoral team or council made up of vicar, priests, deacons, religious, and laity representing parishes, communities, and movements, who will carry out the necessary steps for total pastoral planning.

When: In accordance with the normal channels for plans and programs and budget procedures of the respective entities involved.

Responsible Agents: The diocesan bishops, vicars, diocesan directors for Hispanic affairs and diocesan promotion teams (EPDs) with the assistance of the regional offices.

28 (3) Promote the area and the parish *Pastoral de Conjunto* through the creation of an area or parish pastoral plan in order to adapt and implement the diocesan plan in each parish.

How: Gatherings of the area coordinator and/or the pastor and the pastoral team with representatives of the small ecclesial communities and the pastoral council in order to carry out the necessary steps of total pastoral planning.

When: In accordance with the normal channels for plans and

programs and budget procedures of the respective entities involved.

Responsible Agents: The area coordinator, the pastor and parish team or pastoral team or pastoral council.

29 (4) To develop diocesan and area coordination among small ecclesial communities in the areas and the parishes.

How: Periodic meetings with the coordinators or facilitators of the areas and of the small ecclesial communities to foster a common vision of missionary evangelization.

When: In accordance with the normal channels for plans and programs and budget procedures of the respective entities involved.

Responsible Agents: Diocesan offices for Hispanic affairs, diocesan promotion teams (EPDs), area centers and pastors, in collaboration with diocesan offices of adult religious education and of lay ministry.

c) In-Service Training for Hispanic Pastoral Action

30 (1) That pastoral institutes, pastoral centers and schools of ministries, provide the formation and training of pastoral agents for Hispanic ministry at the national, regional, diocesan and parish levels, according to the common vision of the pastoral plan.

How: Through the creation of programs, courses, materials, and other necessary resources, mobile teams, etc.

When: In accordance with the normal channels for plans and programs and budget procedures of the respective entities involved.

Responsible Agents: National Federation of Pastoral Institutes and directors of other pastoral centers.

31 (2) Develop the theological-pastoral growth of Hispanics in the United States.

How: Facilitating encuentros for Hispanic pastoral ministers; publishing theological pastoral reflections of Hispanics; organizing opportunities for practical experience in different pastoral areas; assisting with scholarships for advanced studies in different pastoral areas; celebrating liturgies which incorporate the wealth of Hispanic cultural expressions.

When: In accordance with the normal channels for plans and programs and budget procedures of the respective entities involved.

Responsible Agents: National Federation of Pastoral Institutes and other centers of pastoral formation, e.g. *Instituto de Liturgia Hispana.*

32 (3) Employ the formational resources and personnel of the NCCB/USCC for the integral development of Hispanic leadership.

How: Ensuring that Hispanics be included in the priorities of the NCCB/USCC as an integral part of the Church of the United

States, in coordination with the existing entities of Hispanic pastoral activity.

When: In accordance with the normal channels for plans and programs and budget procedures of the respective entities involved (NCCB/USCC).

Responsible Agent: Secretariat for Hispanic Affairs.

d) Pastoral Communication

33 (1) Promote dialogue and cooperation among diverse groups, apostolic movements, and small ecclesial communities in order to achieve mutual understanding, sharing, and support that will lead to communion, common vision, and unity of criteria for pastoral action.

How: Periodic gatherings and encuentros between representatives of different entities; exchange of newsletters or information items; organization of common projects.

When: In accordance with the normal channels for plans and programs and budget procedures of the respective entities involved.

Responsible Agents: Vicar, diocesan director for Hispanic affairs, area coordinators, clergy, leaders of small ecclesial communities, and directors of apostolic movements.

34 (2) Use the mass media as an instrument of evangelization in denouncing violence in all its forms and the injustices suffered by families, youth, women, the undocumented, migrants, refugees, farmworkers, prisoners, and all other marginalized in society.

How: Inform and train personnel in charge of the Church's mass communications media in order that they incorporate the concerns and needs of Hispanics into the total ministry of their office according to the vision of the pastoral plan.

When: In accordance with the normal channels for plans and programs and budget procedures of the respective entities involved.

Responsible Agents: Communication departments of various church organizations.

35 (3) Train and raise the consciousness of pastoral ministers to specialize in the use of mass communications media.

How: By means of regional workshops where training and technical skills and critical awareness can take place.

When: In accordance with the normal channels for plans and programs and budget procedures of the respective entities involved.

Responsible Agents: Diocesan communications offices in collaboration with the regional offices and pastoral institutes, with the assistance of the USCC Committee on Communications.

36 (4) To make available the Secretariat for Hispanic Affairs' newsletter, *En Marcha,* to the grass roots as an instrument of information and formation for Hispanic pastoral ministers.

How: Using the existing channels of communication of re-

gional and diocesan offices and their lists of leaders in order to enlarge its circulation.

When: In accordance with the normal channels for plans and programs and budget procedures of the respective entities involved.

Responsible Agent: Secretariat for Hispanic Affairs.

B. Evangelization: *From a Place to a Home*

I. Background

37 The great majority of our Hispanic people feel distant or marginated from the Catholic Church. Evangelization has been limited in many cases to Sunday liturgies and a sacramental preparation which has often not stressed a profound conversion that integrates the dimensions of faith, spiritual growth and justice for the transformation of society. The Hispanic community recognizes that the parish is, ecclesiastically and historically speaking, the basic organizational unit of the Church in the United States, and it will continue to be so; at the same time it is affirmed that conversion and a sense of being Church are often best lived out in smaller communities within the parish which are more personal and offer a greater sense of belonging.

38 Many apostolic movements and church organizations have traditionally served to unite our church people in small communities for various purposes. We encourage the continuance of these organizations and their development as viable and effective means for evangelization.

Within the pastoral process of Hispanic ministry other efforts have been made to recognize small groups for analysis, reflection, and action; to respond to the needs of the people. By means of mobile teams and reflection groups, the III Encuentro also facilitated the evangelization process through the formation of small ecclesial communities.

These small ecclesial communities promote experiences of faith and conversion as well as concern for each person and an evangelization process of prayer, reflection, action, and celebration.

39 The objective of the programs which follow is to continue, support, and extend the evangelization process to all Hispanic people. In this way we will have a viable response by the Catholic community to the proselytism of fundamentalist groups and the attraction they exercise on our people. In addition, we will be more sensitive to our responsibility to reach out in a welcoming way to newcomers and to the inactive and unchurched.

2. Specific Objective

40 To recognize, develop, accompany, and support small ecclesial communities and other Church groups (e.g., *Cursillos de Cristiandad, Movimiento Familiar Cristiano*, RENEW, Charismatic Movement, prayer groups, etc.), which in union with the bishop are effective instruments of evangelization for the Hispanic people. These small ecclesial communities and other groups within the parish framework promote experiences of faith and conversion, prayer life, missionary outreach and evangelization, interpersonal relations and fraternal love, prophetic questioning and actions for justice. They are a prophetic challenge for the renewal of our Church and humanization of our society.

3. Programs and Projects

a) Elaboration of Criteria and Training for the Creation, Development and Support of Small Ecclesial Communities

41 (1) To bring together a "think tank" of pastoral agents with experience in small ecclesial communities, to prepare a workbook of guidelines which spells out the constitutive elements of small ecclesial communities, and the criteria and practical helps for their development and coordination in the light of the Pastoral Prophetic Guidelines of the III Encuentro.

How: Organize a national "think tank" of people experienced in various styles of small ecclesial communities.

When: In accordance with the normal channels for plans and programs and budget procedures of the respective entities involved.

Responsible Agents: Coordinated by the Secretariat for Hispanic Affairs with the assistance of the National Advisory Committee to the Secretariat (NAC), in collaboration with the regional offices, National Federation of Pastoral Institutes and the diocesan offices for Hispanic affairs.

42 (2) To organize a national training session for teams representing each region, with the help of the workbook and other church documents, so as to develop a common vision and methodology in the formation and support of small ecclesial communities. These teams are then to conduct training sessions at the regional and diocesan levels.

How: By way of a national training session to spearhead regional and diocesan workshops.

When: In accordance with the normal channels for plans and programs and budget procedures of the respective entities involved.

Responsible Agents: Coordinated by the Secretariat for Hispanic Affairs in collaboration with the regional and diocesan offices.

43 (3) To invite the diocesan directors of apostolic movements and pastors to a pastoral theological reflection on integral evangelization and small ecclesial communities. This will facilitate a joint evaluation and discernment which will produce an integration of objectives and collaboration in the development of programs of evangelization.

How: By inviting the diocesan directors by way of workshops and courses organized in the different dioceses of the country.

When: In accordance with the normal channels for plans and programs and budget procedures of the respective entities involved.

Responsible Agent: Diocesan offices for Hispanic affairs.

b) Parish Renewal for Community Development and Missionary Outreach

44 Part of the process of the III Encuentro was the organization of mobile teams to visit and bring closer to the Church those who feel distant and marginalized. This made us more aware of the strong campaign of proselytism which confronts the Hispanic people. It is imperative to offer dynamic alternatives to what fundamentalist groups and sects offer. The framework for such alternatives is a missionary parish which forms small ecclesial communities to promote integral evangelization in which faith is shared and justice is lived out.

The following projects of parish renewal are suggested for adaptation and implementation at the local level to evangelize the unchurched and marginalized.

45 (1) Create a welcoming and inclusive atmosphere that is culturally sensitive to the marginalized.

How: Emphasizing a missionary and community focus in the Sunday Masses, homilies, parish schools, programs of catechesis, sacramental preparation and celebrations, bulletins, and other parish programs (e.g., RCIA); directing liturgical and catechetical programs to include and motivate them to participate in small ecclesial communities; organizing in each parish and by areas, consciousness-raising activities with a missionary and community focus.

When: In accordance with the normal channels for plans and programs and budget procedures of the respective entities involved.

Responsible Agents: Pastor and parish groups, pastoral council, in collaboration with diocesan offices and area centers.

46 (2) Accompany the existing movements and groups in the parish so that their evangelizing purposes can be enhanced in accordance with the vision of the pastoral plan.

How: Ongoing formation on the original purpose of the various movements and groups and the evangelizing mission of the Church and the pastoral plan.

When: In accordance with the normal channels for plans and programs and budget procedures of the respective entities involved.

Responsible Agents: Diocesan offices and the directors of the apostolic movements and groups.

47 (3) To promote the parish as a "community of communities" especially through small area groups or through small ecclesial communities integrating families and existing groups and especially preparing these communities to receive those who are marginalized from the Church.

How: Organize workshops on the diocesan level for pastors and the members of pastoral councils to study and plan the organization of small ecclesial communities in accord with the general objective of this plan; form a Hispanic team or integrate Hispanics into the pastoral council with the pastor and other parish ministers.

When: In accordance with the normal channels for plans and programs and budget procedures of the respective entities involved.

Responsible Agents: The diocesan bishop, vicar and the diocesan office for Hispanic affairs, in coordination with the regional offices.

48 (4) Train teams of visitors to be proclaimers of the Word and the love of God and to form communities with the visited families, thus acting as a "bridge" between the marginalized and the Church.

How: Parish training workshops to develop skills to analyze the local reality; respond to the needs of marginalized families; form communities of acceptance, love and justice; facilitate a process of conversion, formation and ecclesial commitment; appreciate popular religiosity; teach the Bible and its Catholic interpretation; acquire basic knowledge of the liturgy and its relationship to private prayer.

When: In accordance with the normal channels for plans and programs and budget procedures of the respective entities involved.

Responsible Agents: The Diocesan office for Hispanic affairs, area centers and the diocesan promotion teams (EPDs) in coordination with the pastor and the parish council.

49 (5) Organize a pastoral visitation plan to the homes of the marginalized through a process of listening/responding to needs and then inviting these families to form part of small ecclesial communities.

How: Organize a systematic plan of visitations for each parish.

When: In accordance with the normal channels for plans and programs and budget procedures of the respective entities involved.

Responsible Agents: The pastor and the pastoral council.

50 (6) Promote integration between faith and the transformation of unjust social structures.

How: Develop a form of conscientization and commitment to justice, which is an integral part of evangelization in small ecclesial communities and all parish programs; work together to respond to the needs of the most marginalized from a faith commitment based on a continued analysis of the local reality;

by integrating the Church's social teachings and commitment to justice as an integral part of evangelization in the formation of small ecclesial communities, and by reviewing and evaluating existing programs from this perspective, and making the necessary changes in them.

When: In accordance with the normal channels for plans and programs and budget procedures of the respective entities involved.

Responsible Agents: The pastor, Hispanic parish leaders, the pastoral council in collaboration with the diocesan offices, the regional office, the pastoral institutes, and the *Instituto de Liturgia Hispana*.

C. Missionary Option: *From Pews to Shoes*

I. Background

51 Throughout the process of the III Encuentro, the Hispanic people made a preferential missionary option for the poor and marginalized, the family, women, and youth. These priority groups are not only the recipients but also the subjects of the Hispanic pastoral ministry.

52 The *poor* and the *marginalized* have limited participation in the political, social, economic, and religious process. This is due to underdevelopment and isolation from both Church and societal structures through which decisions are made and services offered. The following problems stand out:

- Lack of opportunities for education and advancement,
- Poor health, hygiene, and living conditions,
- Migrant farmworkers, in addition, suffer instability of life and work, which aggravates the aforementioned problems.

53 Hispanic *families,* most of them urban, poor, and larger than non-Hispanic families, face a series of difficulties involving such things as:

- Communication between spouses and between parents and children;
- Divorce and separation;
- Unwed mothers;
- Abortion;
- Alcoholism and drugs;
- Lack of formation for educating children sexually and morally;
- Isolation in both the Hispanic and non-Hispanic environment;
- Lack of church contact, especially with the parish structure;

- Undocumented status and resulting family tensions.

54 Within this reality, women suffer a triple discrimination:

- Social (*machismo,* sexual and emotional abuse, lack of self-esteem, exploitation by the media).
- Economic (forced to work without proper emotional and technical preparation, exploited in regard to wages and kinds of work, bearing full responsibility for the family, lacking self-identity);
- Religious (her importance in the preservation of faith is not taken into account, she is not involved in decision making yet bears the burden for pastoral ministry).

55 Youth—both male and female:

- A large number is alienated from the Church;
- Generally lack adequate attention and pastoral care;
- Victims of the materialism and consumerism of society; experience difficulty in finding their own identity as they exist between different languages and cultures;
- Suffer the consequences of family disintegration;
- Feel strong peer and other pressures toward drugs, crime, gangs and dropping out of school.

2. Specific Objective

56 To promote faith and effective participation in church and societal structures on the part of these priority groups (the poor, women, families, youth) so that they may be agents of their own destiny (self-determination) and capable of progressing and becoming organized.

3. Programs and Projects

a) Organization and Assistance for Farmworkers (Migrants)

57 One full-time person at the national level in the Office of the Pastoral Care of Migrants and Refugees who will plan and evaluate the pastoral ministry with farmworkers (migrants) through two annual meetings with one person from each region.

How: Consult regional offices about representatives and about adequate structures for that region.

When: In accordance with the normal channels for plans and programs and budget procedures of the respective entities involved.

Responsible Agent: NCCB Committee on Migration.

b) Conscientization on Christian Social Responsibility and Leadership Development

58 To develop social justice ministries and leadership development by means of specific contacts with socio-civic entities that respond to the conditions of the poor and the marginalized. These ministries should state the influence and the concrete collaboration of the Church with these entities.

How: Community organizing efforts at the national, regional, diocesan, and parish level.

When: In accordance with the normal channels for plans and programs and budget procedures of the respective entities involved.

Responsible Agents: USCC Committee on Social Development and World Peace and the Campaign for Human Development.

c) Hispanics in the Military

59 Meetings of military chaplains according to areas, where there is Hispanic personnel. The objective is to:

- Integrate the process of the III Encuentro in their specific ministry;
- Reflect together on the situation of Hispanics in the military, especially women, given the difficulties and pressures which they frequently encounter;
- Elaborate a program of conscientization and evangelization for Hispanics in the military;

How: A committee of military chaplains for Hispanic ministry organized in areas where there are military bases with large number of Hispanics.

When: In accordance with the normal channels for plans and programs and budget procedures of the respective entities involved.

Responsible Agents: Archdiocese for the Military Services in collaboration with the National Federation of Pastoral Institutes.

d) Promotion of Family Life Ministry

60 (1) To analyze the variety of family expressions and specific pastoral issues; discover and design models of participation and organization for the integration of the family in the Church and society; establish common goals for family life ministry.

How: By organizing a national forum or forums on Hispanic family life ministry in cooperation with diocesan leaders of Hispanic family life.

When: In accordance with the normal channels for plans and programs and budget procedures of the respective entities involved.

Responsible Agents: NCCB Committee on Marriage and Family Life in collaboration with the Secretariat for Hispanic Affairs.

61 (2) Publish results of the national forum or forums in a pedagogical format for use in small ecclesial communities.

How: Through a committee of the participants in the national forum or forums on family life ministry.

When: In accordance with the normal channels for plans and programs and budget procedures of the respective entities involved.

Responsible Agent: NCCB Committee on Marriage and Family Life in cooperation with the Secretariat for Hispanic Affairs.

62 (3) Disseminate material prepared and encourage its use at the local level.

How: Through diocesan offices for family life, Hispanic ministry, regional pastoral institutes and diocesan pastoral centers.

When: In accordance with the normal channels for plans and programs and budget procedures of the respective entities involved.

Responsible Agent: NCCB Committee on Marriage and Family Life in cooperation with the Secretariat for Hispanic Affairs.

e) The Woman and Her Role in the Church

63 To provide forums for women who offer different services or ministries in Hispanic pastoral ministry, in order to:

- Analyze the situation of Hispanic women to manifest more clearly their gifts of intelligence and compassion, which they share with the Church;
- Identify a model of Church that nourishes and fosters ministries by women;
- Value the role of the small ecclesial community in the promotion of women;
- Examine, in light of the process of the III Encuentro, the reality of the Hispanic woman and consider which ministries should be maintained and which should be created.

How: Regional gatherings.

When: In accordance with the normal channels for plans and programs and budget procedures of the respective entities involved.

Responsible Agents: National Federation of Pastoral Institutes in collaboration with the Secretariat for Hispanic Affairs and the NCCB Committee on Women in Society and the Church.

f) Youth Ministry

64 (1) Organization: To guarantee the participation of Hispanic youth in the life and mission of the Church.

How: By encouraging the creation of organisms of coordination at the national, regional, diocesan, and parish levels; by providing opportunities for Hispanic youth to discern religious and priestly vocations;

When: In accordance with the normal channels for plans and

programs and budget procedures of the respective entities involved.

Responsible Agents: The Secretariat for Hispanic Affairs in collaboration with the NCCB Committee on Hispanic Affairs and the USCC Youth Desk.

65 (2) Networking Hispanic Youth Ministry: To identify existing, effective programs which can serve as models for reaching the most alienated youth and to assist in multiplying these programs in different dioceses and parishes.

How: Share programs and methodologies with other dioceses; use existing centers, regional encuentros, mobile teams, organizations, small ecclesial communities, and store-fronts on a diocesan and parish level so that Hispanic youth can experience the Church welcoming them and offering them opportunities for formation and service.

When: In accordance with the normal channels for plans and programs and budget procedures of the respective entities involved.

Responsible Agents: Diocesan Youth Offices and *Comite Nacional Hispano de Pastoral Juvenil* (CNH de PJ), in collaboration with the Secretariat for Hispanic Affairs and the USCC Youth Desk.

66 (3) National Encuentro of Hispanic Youth Regional Representatives—Topics for consideration for the National Encuentro should include:

- Statistics on Hispanic youth and pertinent data on the reality of youth;
- Existing models of youth pastoral ministry;
- Training seminars for ministers of youth evangelization;
- Strategies for family involvement.

How: Through diocesan and regional encuentros.

When: In accordance with the normal channels for plans and programs and budget procedures of the respective entities involved.

Responsible Agents: Hispanic youth in collaboration with the NCCB Committee on Hispanic Affairs and the National Committee for Hispanic Youth/Young Adult Ministry (CNH de PJ) in collaboration with the Secretariat for Hispanic Affairs.

D. Formation: *From Good Will to Skills*

I. Background

67 Throughout the process and in the conclusions of the III Encuentro, we have found the following to be true of Hispanic people with respect to formation.

There is an appreciation for the great efforts being made to form pastoral ministers on the part of the institutes, centers of pastoral ministry, schools of ministry, parishes and others, that have brought about a greater conscientization, sense of responsibility, and desire for participation.

There is a lack of pastoral ministers, which makes uncertain the survival of the Catholic faith among Hispanics. Pastoral ministers, especially the laity, have not always found support, interest, recognition, or acceptance in Church structures such as the parish and diocesan offices.

68 There is need for the creation of centers, programs of formation, spirituality, and catechesis that can respond to the needs of Hispanics, especially at the parish level.

It is important that the projects of formation/spirituality which are developed have an integral and missionary dimension and bring about a commitment to justice. Integral leadership formation must include basic catechetical training.

2. Specific Objective

69 To provide leadership formation adapted to the Hispanic culture in the United States that will help people to live and promote a style of Church which will be a leaven of the Kingdom of God in society.

3. Programs and Projects

a) Program of Reflection and Conscientization

70 Facilitate the continuation of the theological-pastoral reflection at all levels as an integral part of pastoral ministry and a way of discerning the journey of the people.

(1) To foster theological-pastoral reflection for pastoral ministers at the grass-roots level who accompany the people in the pastoral process.

How: Local workshops; a workbook of guidelines to assist ministers in facilitating such reflection in small ecclesial communities.

When: In accordance with the normal channels for plans and programs and budget procedures of the respective entities involved.

Responsible Agents: Pastor and parish leaders assisted by the diocesan offices for Hispanic affairs, other diocesan offices, the National Federation of Pastoral Institutes in collaboration with the Secretariat for Hispanic Affairs and the NCCB Committee on the Laity.

71 (2) Organize seminars/study sessions of reflection for pas-

toral specialists in the different areas of liturgy, catechesis, theology and evangelization.

How: Regional seminars/study sessions in collaboration with the pastoral institutes.

When: In accordance with the normal channels for plans and programs and budget procedures of the respective entities involved.

Responsible Agent: National Federation of Pastoral Institutes and the *Instituto de Liturgia Hispana.*

b) Research Projects

72 To study scientifically the Hispanic reality in its socioeconomic, cultural, religious, and psychological aspects; especially concentrate on:

- The family,
- Popular religiosity,
- Poor and marginalized (migrants, barrio, urban poor),
- Youth,
- Women,

How: Procure scholarships for research on the graduate level.

When: In accordance with the normal channels for plans and programs and budget procedures of the respective entities involved.

Responsible Agents: NCCB Committee for Hispanic Affairs and other appropriate NCCB/USCC committees (in cooperation with Catholic universities and colleges, and seminaries, with the collaboration of the National Federation of Pastoral Institutes).

c) Programs to Identify Candidates for Ordained Ministry and the Vowed Life

73 To design, support, and implement vocation programs sensitive to Hispanic cultural and religious perspectives.

(1) Prepare lay Hispanic men and women to become vocation recruiters.

How: Develop training programs for Hispanic laity in collaboration with diocesan and religious vocation directors.

When: In accordance with the normal channels for plans and programs and budget procedures of the respective entities involved.

Responsible Agents: Bishops' Committee on Vocations, National Conference of Diocesan Vocation Directors, and the National Religious Vocation Conference.

74 (2) Place Hispanic vocations as a priority on the agenda of Hispanic lay organizations

How: Develop vocation-awareness training sessions for leadership of Hispanic lay organizations.

When: In accordance with the normal channels for plans and programs and budget procedures of the respective entities involved.

Responsible Agents: Bishops' Committee on Vocations in collaboration with regional and diocesan offices of Hispanic affairs.

75 (3) Prepare vocation directors to recruit, more effectively, Hispanic candidates.

How: Sponsor training workshops such as *In My Father's House.*

When: In accordance with the normal channels for plans and programs and budget procedures of the respective entities involved.

Responsible Agents: Bishops' Committee on Vocations, National Conference of Diocesan Vocation Directors, and the National Religious Vocation Conference.

76 (4) Involve Hispanic parishioners in identifying potential candidates for priesthood and religious life.

How: Implement the CALLED BY NAME parish-based program.

When: In accordance with the normal channels for plans and programs and budget procedures of the respective entities involved.

Responsible Agents: Bishops' Committee on Vocations in collaboration with diocesan vocation directors.

d) Programs of Formation and Training

77 To organize courses for the training of leaders at different places and levels, with emphasis on the participation of the priority groups according to the content and experience of the III Encuentro.

(1) Train leaders from the people to create, encourage, and coordinate small ecclesial communities and represent the voice of the people in civic and social institutions. Provide guidelines for liturgical celebrations which will facilitate the spiritual growth of these gatherings.

How: Training sessions, courses on the local level, and mobile teams of formation.

When: In accordance with the normal channels for plans and programs and budget procedures of the respective entities involved.

Responsible Agents: Pastors and parish leaders in coordination with diocesan offices for Hispanic affairs, other diocesan offices, regional pastoral institutes, and the *Instituto de Liturgia Hispana.*

78 (2) Elaborate a program on the importance of the role of women in the history of Hispanics and in the Church to look deeply at feminine and masculine dimensions of the human person; to value the place of women within the Hispanic context and in relation to other cultures. Train leaders to be able to apply this program at the level of the small ecclesial communities.

How: Through seminars and courses conducted by the regional institutes.

When: In accordance with the normal channels for plans and

programs and budget procedures of the respective entities involved.

Responsible Agents: National Federation of Pastoral Institutes in collaboration with the Secretariat for Hispanic Affairs and NCCB Committee on Women in Society and the Church.

79 (3) To elaborate a program of youth pastoral ministry for youth leaders and adult advisors that contains elements of: culture, politics, socioeconomics, pastoral life, vision of the Church, and youth pastoral techniques.

How: Naming a task force to design such a program; training teams in use of the program.

When: In accordance with the normal channels for plans and programs and budget procedures of the respective entities involved.

Responsible Agents: Comite Nacional Hispano de Pastoral Juvenil (CNHdePJ) in collaboration with the NCCB Committee on Hispanic Affairs and the Secretariat for Hispanic Affairs.

80 (4) To collaborate with seminaries, permanent diaconate centers, and houses of formation of religious men and women so that their formation programs for persons preparing for ministry with the Hispanic people will correspond to the vision of the process of the III Encuentro, as spelled out in the *National Pastoral Plan.*

How: Establish channels of communication and cooperation between these centers of formation and Hispanic pastoral institutes; formation programs for persons preparing for ministry with the Hispanic people.

When: In accordance with the normal channels for plans and programs and budget procedures of the respective entities involved.

Responsible Agents: National Federation of Pastoral Institutes in collaboration with the NCCB Committees on Vocations, Priestly Formation, and the Permanent Diaconate and the Conference of Major Superiors of Men (CMSM) and the Leadership Conference of Women Religious (LCWR).

81 (5) Encourage the use of programs of formation for Hispanic and non-Hispanic directors and personnel of diocesan offices involved in education and pastoral ministry in order to help them learn about the history, culture, needs, and pastoral principles of Hispanics.

How: Periodic study seminars for diocesan personnel, pastors and parish personnel.

When: In accordance with the normal channels for plans and programs and budget procedures of the respective entities involved.

Responsible Agents: The diocesan bishop in collaboration with the vicar or diocesan offices for Hispanic affairs, the area team with the assistance of pastoral institutes.

82 (6) Invite those centers of Bible studies and materials production to produce programs and materials to assist Hispanics in the use and understanding of the Bible.

How: Communicate with the appropriate Bible centers.

When: In accordance with the normal channels for plans and programs and budget procedures of the respective entities involved.

Responsible Agents: NCCB Committee on Hispanic Affairs and Secretariat for Hispanic Affairs.

83 (7) Convoke different pastoral ministers in the nation to: Study the problem of proselytism among Hispanics; assess this reality and prepare materials and mobile teams to train other pastoral agents on the local and diocesan level.

How: Through a national meeting.

When: In accordance with the normal channels for plans and programs and budget procedures of the respective entities involved.

Responsible Agent: NCCB Committee on Ecumenical and Interreligious Affairs.

e) Program of Elaboration of Materials

84 That the pastoral institutes promote and form a team responsible for producing materials popularly accessible to the people at the grass-roots level. Special recommendation for the production of:

(1) Materials that help our leaders achieve a more profound understanding of their Catholic faith and a living spirituality as committed laity;

(2) Biblical materials at the leadership and grass-roots levels that assist Catholics in understanding and living the Word in order to avoid ignorance and fundamentalism;

(3) A workbook or manual in popular language for a contin-uous analysis of reality in the light of the Gospel and the teachings of the Church as a basis for pastoral action and its evaluation;

(4) Simple materials for pastoral ministers, for use in training workshops and courses, so they can use these materials easily in the small ecclesial communities;

(5) Resources for information on immigration. This includes the development of information materials on immigration, directed to a popular audience to provide orientation on rights of the undocumented and laws pertaining to legalization and naturalization;

(6) A handbook of guidelines on political rights and responsibilities as part of a program of conscientization on Christian responsibility to accompany a national campaign for voter registration through the involvement of parishes;

(7) A simple and practical pamphlet of orientation on parent-children relations, which keeps in mind characteristics of the Hispanic family, including production and dissemination of it for use in family gatherings or small ecclesial communities;

(8) A pamphlet on popular religiosity, its values and basis, accessible to the small ecclesial communities;

(9) Elaboration of materials in the areas of liturgy and spirituality, including liturgical catechesis with distinction of roles;

(10) Practical materials on natural family planning.

How: Formation of a production committee for the elaboration of materials.

When: In accordance with the normal channels for plans and programs and budget procedures of the respective entities involved.

Responsible Agents: National Federation of Pastoral Institutes in collaboration with diocesan pastoral centers and the *Instituto de Liturgia Hispana.*

A. Orientation

85 Evaluation is an integral part of pastoral planning. It is the process that keeps us in constant personal conversion as ministers and in constant communitarian conversion as a people.

It is not a matter of looking back in a purely technical way to guarantee that what has been planned has been done; rather, it must be an expression of what the Church is and does in relation to the Kingdom.

With the help of evaluation, new horizons can be seen, as well as possibilities and alternatives to the efforts that have not produced results in attaining the goal. An effective evaluation should also provide the opportunity of reshaping the Plan in the light of ongoing pastoral experiences.

86 Since it is not a matter of a purely technical analysis, the atmosphere in which pastoral evaluation takes place is of the greatest importance. The whole process of the III Encuentro has been accompanied by reflection and prayer, that is to say, with a *mistica*. Pastoral evaluation demands an atmosphere of reflection, trust, freedom, mutual collaboration, and communion, for what is involved is the life of the total community in its journey to the Kingdom.

This demands participation by the people in the evaluation, since they have participated in the planning and decision making.

Coordination, as a central element and goal of pastoral planning, calls for periodic evaluations and not just evaluation at the end. This creates a continuous process of discerning and assessing an ever-changing reality, the totality of pastoral ministry, and the priorities involved in action.

B. Specific Objective

87 To determine if the general objective of the plan is being attained and whether the process faithfully reflects what the Church is and does in relation to the Kingdom.

C. Programs and Projects

88 Carry out a continuous evaluation of the whole pastoral process according to the *National Pastoral Plan*.

I. Coordinate from the national level the total process of evaluation.

How: BEFORE: Appoint the National Advisory Committee (NAC) to design the appropriate instruments in line with the orientation and objective of the evaluation. There should be a uniform system for evaluation at the various levels; develop a training process for the use of the instruments at the regional and diocesan levels.

AFTER: Compile the data of diocesan and regional evaluation reports and the national report; employ the resources needed to interpret the reports according to the specific objective of the evaluation process; disseminate the results of the evaluation to the different levels in order to revitalize the process of pastoral planning.

When: In accordance with the normal channels for plans and programs and budget procedures of the respective entities involved.

Responsible Agents: NCCB Committee on Hispanic Affairs, and the Secretariat for Hispanic Affairs in collaboration with the National Advisory Committee (NAC).

2. Provide training and formation for the evaluation process at the regional and diocesan levels.

89 *How:* Organize a training workshop for the regional directors concerning the pastoral value, orientation, and objectives of the evaluation and the use of the instruments for the region and diocese; organize training workshops for diocesan directors at the regional level to provide orientation on the evaluation and on the use of the instrument for the diocese.

When: In accordance with the normal channels for plans and programs and budget procedures of the respective entities involved.

Responsible Agents: National Advisory Committee (NAC) in collaboration with the Secretariat for Hispanic Affairs.

3. Evaluate the pastoral plan at the diocesan level.

90 *How:* Convoke representatives of the parishes and the small ecclesial communities to use the appropriate instrument to carry out the evaluation; prepare a written report of the results of the evaluation to send to the regional office.

When: In accordance with the normal channels for plans and programs and budget procedures of the respective entities involved.

Responsible Agents: The ordinary, the vicar and diocesan office for Hispanic affairs.

4. Evaluate the pastoral plan at the regional level.

91   *How:* Convoke representatives of the dioceses and use the appropriate instrument to carry out the evaluation; prepare a written report of the results of the evaluation to send to the national office.

When: In accordance with the normal channels for plans and programs and budget procedures of the respective entities involved.

Responsible Agents: Regional Offices.

5. Evaluate the pastoral plan at the national level.

92   *How:* Convoke representatives of all the regions and use the appropriate instrument to carry out the evaluation; prepare a written report of the results of the evaluation to be incorporated into the regional and diocesan evaluations for a complete interpretation of the evaluation.

When: In accordance with the normal channels for plans and programs and budget procedures of the respective entities involved.

Responsible Agents: NCCB Committee on Hispanic Affairs and the National Advisory Committee (NAC) in collaboration with the Secretariat for Hispanic Affairs.

93 This pastoral plan is a gospel reflection of the spirituality of the Hispanic people. It is a manifestation and response of faith.

When we look at this spirituality, we find that one of the most important aspects of its content is a sense of the presence of God, which serves as a stimulus for living out one's daily commitments.

In this sense the transcendent God is nevertheless present in human affairs and human lives. Indeed, one might go so far as to speak of God as a member of the family, with whom one converses and to whom one has recourse, not only in moments of fervent prayer, but also in one's daily living. Thus, God never fails us. He is Emmanuel, God-with-Us.

94 The Hispanic people find God in the arms of the Virgin Mary. That is why Mary, the Mother of God, as goodness, compassion, protection, inspiration, example . . . is at the heart of the Hispanic spirituality.

The saints, our brothers and sisters who have already fulfilled their lives in the following of Jesus, are examples and instruments of the revelation of God's goodness through their intercession and help.

All this makes Hispanic spirituality a home of living relationships, a family, a community. It will find expression and consequence more in ordinary life than in theory.

95 Hispanic spirituality has as one of its sources the "seeds of the Word" in the pre-Hispanic cultures, which considered their relationships with the gods and nature to be an integral part of life. In some cases, the missionaries adopted these customs and attitudes; they enriched and illuminated them so as to incarnate the Divine Word of Sacred Scripture and the Christian faith to make them come alive in religious art and drama. All this has taken shape in popular devotions which preserve and nourish the peoples' spirituality. At the same time, Christian principles have been expressed in attitudes and daily behavior which reveal divine values in the experience of the Hispanic people. This spirituality has been kept alive in the home and has become a profound tradition within the family.

96 The spirituality of the Hispanic people, a living reality throughout its journey, finds expression in numerous ways. At times it takes the form of prayer, novenas, songs and sacred gestures. It is found in personal relationships and hospitality. At other times, it surfaces as endurance, patience, strength, and hope in the midst of suffering and difficulties. Their spirituality can also inspire a struggle for freedom, justice, and peace. Frequently it is expressed as commitment and forgiveness as well as in celebration, dance, sacred images, and symbols. Small altars in the home, statues, and candles are sacramentals of God's presence. The *pastorelas, posadas, nacimientos, via crucis,* pilgrimages; processions; and the blessings offered by mothers, fathers, and grandparents are all expressions of this faith and profound spirituality.

97 At various times through the centuries, these devotions have gone astray or have been impoverished due to the lack of a clear and enriching catechesis. This pastoral plan with its evangelizing, community-building, and formative emphasis can be a source of evangelization for these popular devotions and an encouragement for enriching liturgical celebrations with cultural expressions of faith. It seeks to free the Spirit who is alive in the gatherings of our people.

98 The III Encuentro process was yet one more step in the development and growth of their spirituality. Many participants appeared to have moved from a personal and family spirituality to one that is communitarian and ecclesial. They moved from a sense of individual and family injustices to a recognition of general injustice to all people. This growth was sensed also in their awareness and experience of being Church, in their familiarity with ecclesial documents, in their active participation in liturgies and prayers.

99 For people who celebrate life and death with great intensity and meaning, the Eucharistic Liturgy has a special place. The liturgy and sacraments offer to a people imbued with a profound religious sense the elements of community, the assurance of grace, the embodiment of the Paschal Mystery, in the dying and rising of the Lord in his people. This is especially true of what happens in the celebration of the Eucharist—the source of our unity. Numerous possibilities are found for artistic elements that enrich the sacramental celebrations with originality and joyfulness. These sacramental moments capture the spirituality and mistica, which overflow from the living of their Christian vocation and their Hispanic identity.

100 In the gathering around a simple, common table, Jesus told his disciples to "do this in memory of me." It was to this gathering that Jesus revealed his mission, his life, his innermost prayer to his friends and then asked them to do the same in his memory. He mandated them to do all that he had done, had lived for, in their lives. This consistent stopping to share a common meal has nourished the Hispanic people throughout history. As Jesus' disciples, they reserve a place for him at the table.

101 Throughout the process of the III Encuentro, many Hispanic Catholics have sought to live in dialogue with their God who inspires and motivates, with Mary who accompanies Jesus' disciples. The pastoral plan takes its source out of the gathering and sharing of the Hispanic people. It is an expression of his presence in us. The pastoral plan provides a way for this People of God to express their life with the Spirit, a life deeply rooted in the Gospel.

IX. Appendices

A. Bibliography

Census Bureau, December, 1987.

I Encuentro Nacional Hispano de Pastoral, Conclusions, Secretariat for Hispanic Affairs, NCCB/USCC, Washington, D.C., 1972.

II Encuentro Nacional Hispano de Pastoral, Conclusions, Secretariat for Hispanic Affairs, NCCB/USCC, Washington, D.C., 1977.

Evangelii Nuntiandi (On Evangelization in the Modern World), Apostolic Exhortation, Pope Paul VI, USCC Office of Publishing and Promotion Services, 1975.

Gaudium et Spes (Pastoral Constitution on the Church in the Modern World), Second Vatican Council, USCC Office of Publishing and Promotion Services, Washington, D.C., 1965.

The Hispanic Catholic in the United States: A Socio-Cultural and Religious Profile, by Roberto Gonzalez and Michael La Velle, Northeast Catholic Pastoral Center for Hispanics, Inc., 1985.

The Hispanic Presence: Challenge and Commitment, Pastoral Letter, USCC Office of Publishing and Promotion Services, Washington, D.C., 1984.

Prophetic Voices: The Document on the Process of the III Encuentro Nacional Hispano de Pastoral, Secretariat for Hispanic Affairs, USCC Office of Publishing and Promotion Services, Washington, D.C., 1986.

Sects or New Religious Movements: Pastoral Challenge, Vatican Secretariat for Christian Unity, Rome, USCC Office of Publishing and Promotion Services, Washington, D.C., 1986.

B. Cross References

Cross references demonstrate the relationship of the plan to previous documents produced throughout the encuentro process. These sources, mainly the pastoral letter, *The Hispanic Presence: Challenge and Commitment* (HP) and *Prophetic Voices: The Document on the Process of the III Encuentro Nacional Hispano de Pastoral* (PV) can readily be referred to by employing the guide below.

PASTORAL PLAN	CROSS REFERENCE
II. Framework of Hispanic Reality	
A. History	HP, no.6
B. Culture	HP, no.1
C. Social Reality	HP, no.7
V. General Objective	PV, nos. 4, 5, 6, 7, 8
VI. Specific Dimensions	
A. *Pastoral de Conjunto*	PV, no.4
B. Evangelization	PV, nos. 5, 7
C. Missionary Option	PV, nos. 1, 2, 3, 8, 9
D. Formation	PV, no. 6
A. Pastoral de Conjunto	
1. Background	HP, nos. 11, 17 PV, Evangelization, pp. 7, 8
3. Programs and Projects	
a) Pastoral Integration	PV, nos. 11, 31
b) Coordination of Hispanic Pastoral Action	PV, no.13
c) In Service Training for Hispanic Pastoral Action	PV, no.12
d) Pastoral Communication	PV, nos. 15, 16, 21,
B. Evangelization	
1. Background	HP, nos. 11, 15; PV, Evangelization, p. 7 "Introduction"; PV, Integral Education, pp. 8, 9.

3. Programs and Projects

a. Elaboration of criteria and training for the creation, development and support of small ecclesial communities   PV, nos. 10, 14, 17

b. Parish renewal for community development and missionary outreach   PV, nos. 18, 19, 20, 26, 28

C. Missionary Option

1. Background   PV, Social Justice, pp. 10, 11
HP, nos. 12.i, j, k, l

3. Programs and Projects

a. Organization and Assistance for farm workers (migrants)   PV nos. 21, 22, 23

b. Conscientization on Christian Social Responsibility and Leadership Development   PV nos. 23, 24, 26, 29

c. Hispanics in the Military

d. Promotion of Family Life Ministry   PV nos. 23, 37, 43

e. The Woman and Her Role in the Church   PV nos. 22, 23

f. Youth Ministry   PV, Youth, pp. 11, 12, 13
PV, nos. 30, 32, 33, 34, 35, 36, 38

D. Formation

1. Background   HP, no. 12.a, c, d, e, f;
PV, Leadership Formation,
"Introduction," p.13

3. Programs and Projects

a. Program of Reflection and Conscientization   PV, nos. 39, 40

b. Research Projects   PV, no. 43

c. Programs for Ordained Ministry   HP, no. 12.e, i; PV, nos. 42, 43

d. Programs of Formation and Training   PV, nos. 41, 42, 43, 44

C. Organizational Chart

Throughout the plan, "Responsible Agents" are identified as those organizations or entities charged with implementing specific programs or projects. The organizational chart is an aid to see at a glance the various church organizations assigned to a task. The numbers below refer to the paragraph numbering system employed throughout the text. The program or project can be readily found by locating the reference.

Organizations (Responsible Agents)	Pastoral de Conjunto	Programs Evangelization	Missionary Option	Formation
NCCB	24			
Committees:				72
Hispanic Affairs	25		64	72
	26		66	79
				82
Vocations				73
				74
				75
				76
				80
Priestly Formation				80
Permanent Diaconate				80
Laity and Family Life				70
Women in Society and the Church			63	78
Youth			64	
			65	
Marriage and Family Life			60	
			61	
			62	
Liturgy				
Ecumenical and Interreligious Affairs				83
Migration			57	
USCC	24			72
Departments:				
Secretariat for Hispanic Affairs	22	41	60	70
	23	42	61	78
	25		62	79
	26		63	82
	32		64	
	35		65	
			66	
National Advisory Committee to Secretariat for Hispanic Affairs		41		

Organizations (Responsible Agents)	Programs			
	Pastoral de Conjunto	Evangelization	Missionary Option	Formation
Social Development and World Peace			58	
Campaign for Human Development			58	
Communications	35			

DIOCESE

Diocesan Bishop	23 24 27	47		81
Vicar	23 24 27 33	47		81
Diocesan Departments	24 29 34 35	45 50	65	70 76 77 81
Diocesan Offices for Hispanic Affairs	23 26 27 29 33	41 42 43 45 46 47 48 50		70 74 77 81
Diocesan Promotion Team (EPD)	27 29	48		
Area/Pastoral Centers	29 30 31	45 48		81 84
Area Coordinator	23 28 33			81

PARISH

Pastor	23 24 28 29	45 48 49 50		70 77
Pastoral Team	28	45		70 77
Pastoral Council	28	45 48 49 50		70 77
Coordinators, Facilitators of Small Ecclesial Communities	33			

Organizations (Responsible Agents)	Programs			
	Pastoral de Conjunto	Evangelization	Missionary Option	Formation
Apostolic Movements and Organizations	23 33	46		
Regional Offices for Hispanic Affairs	26 27 35	41 42 47 50		74
National Federation of Pastoral Institutes	30 31	41	59 63	70 71 72 78 80 84
Pastoral Institutes	31 35	50		77 81
National Committee for Hispanic Youth/Young Adult Ministry (CNH de PJ)			65 66	79
Instituto de Liturgia Hispana	31	50		71 84
Catholic Universities, Colleges and Seminaries				72
Conference of Major Superiors of Men				80
Leadership Conference of Women Religious				80
Archdiocese for the Military Services			59	
National Conference of Diocesan Vocation Directors				73 75
National Religious Vocation Directors				73 75

D. Terminology

Acompanamiento: The series of activities that enlightens, directs, guides, gives support, and motivates a community in its formation process and in its evangelizing mission.

Analysis of Reality: To study a certain reality and understand the underlying causes that give rise to it in its particular place and historical moment. In the Church, the evangelizing mission is accomplished when this study is undertaken in light of the Gospel to help judge and seek the appropriate responses for the establishment of the Kingdom of God. In order to obtain a critical and scientific analysis, the Church can employ these instrumentations that the social sciences make available.

Assessment: Description of the conditions through the examinations of essential elements which have been determined once the reality has been analyzed in its different areas.

Background: The series of sociopolitical, economic, and religious elements that make up the situation that the precise actions of this plan intend to answer.

Conscientization: To make people and communities become aware of their reality and eventually leading them to assume their responsibility to change the reality through literacy campaigns, education and formation.

Diocesan Promotion Team (EPD): Pastoral team formed during the process of the III Encuentro whose mission was to coordinate and energize the process at the diocesan level. The team was composed of committed lay and religious leaders who were selected as representatives from different areas of pastoral work.

Doctrinal Framework: The series of biblical, theological, and pastoral aspects which enlighten and inspire the precise options of a specific plan or pastoral project.

Encuentros: Pastoral ministers' meetings called for by the hierarchy, with the purpose of studying, reflecting, and analyzing the reality and commitment. They have served to guide and direct the pastoral process of the Hispanic people along common lines of action for approximately the last 15 years.

Evangelization: We understand evangelization to imply a continuous lifelong process in which a Christian makes an ever-deepening effort to arrive at a personal and communal encounter with the messenger, Christ, and a total commitment to his message, the Gospel. (*Proceedings of the II Encuentro Nacional Hispano de Pastoral,* p. 68).

General Objective: It is the guiding principle which provides a common vision. It is the fundamental purpose towards which the programs and projects of the plan are oriented.

Guidebook: It is meant to be a pedagogical instrument or means to facilitate the formation and work on different issues for pastoral agents at the grass-roots level. It includes the contents of the theme and techniques and methods for its use in small communities as a means of community reflection and formation.

In-servicing: Presentations by specialized pastoral ministers in the fields of theology, biblical studies, sociology, and pastoral ministry who assist in deepening certain pastoral action, leadership formation, or training as they accompany the reflecting community.

Integral Education: Takes into account the totality of the person and not just those aspects useful to society. The human person has multiple dimensions, such as the cultural, the religious, the political, the economic, and the psychological. We recognize that there must exist a fundamental respect for the culture of the person being educated. (*Proceedings of the II Encuentro Nacional Hispano de Pastoral,* p. 76).

Mestizaje: The historical, cultural, and spiritual coming together of two disparate parent peoples to generate a new people, a new culture, and a new spirituality.

Mistica: The series of motivations and deep values which enliven the process of the people and create experiences of faith, producing a spirituality that encourages life and pastoral work.

Mobile Teams (EMT): Small groups prepared and trained during the process of the III Encuentro to carry on each step of the process; grass-roots consultation, group formation, reflection and other.

Pastoral: The specific actions of the ecclesial communities in so far as it communicates to the world the Christian message of salvation. It is pastoral to the extent that it is guided by revelation, the orientation of the Church, and the temporary conditions of humankind.

Pastoral de Conjunto: It is the harmonious coordination of all the elements of the pastoral ministry with the actions of the pastoral ministers and structures in view of a common goal: the Kingdom of God. It is not only a methodology, but the expression of the essence and mission of the Church, which is to be and to make communion.

Pastoral Ministers: We refer to people, lay and members of the hierarchy and religious, who perform their pastoral action at different levels of the Church and in different areas.

Pastoral-Theological Reflection: The action or series of actions by which we study and discover within a context of faith the foundation of the Christian message and the evangelical meaning of our pastoral work. This reflection helps us to identify, remember, and live the presence of God with us in our history and in our journey.

Pastoral Plan: It is the technical instrument that organizes, facilitates and coordinates the actions of the Church as a whole in the realization of its evangelizing mission. It is at the service of the *Pastoral de Conjunto*. Each with its own charisms and ministries will act within a common plan.

Pastoral Planning: By pastoral planning we understand the effective organization of the total process of the life of the Church in fulfilling her mission of being a leaven of the Kingdom of God in this world. Pastoral planning includes the following elements:

- analysis of the reality wherein the Church must carry out her mission;
- reflection of this reality in light of the Gospel and the teachings of the Church;
- commitment to action resulting from this reflection;
- pastoral theological reflection on this process;
- development of a pastoral plan;
- implementation;
- celebration of the accomplishment of this life experience;
- and, the ongoing evaluation of what is being done.

Pastoral Process: It is the constant effort of the Church to journey with its people in their pilgrimage. It is the orderly succession of actions, occurrences, and events that guides the specific actions of the local or national Church in every historical moment of service in its mission.

Popular Catholicism: Hispanic spirituality is an example of how deeply Christianity can permeate the roots of a culture. Hispanic people have learned to express their faith in prayer forms and traditions that were begun and encouraged by missionaries, and passed from one generation to the next (*HP* p. 26).

Priority Groups: The family, the poor, youth, and women are the four groups to which the III Encuentro wanted to give special pastoral attention.

Programs and Projects: The operative actions which help identify and carry out the specific objectives. Each program may include several projects.

Proselytism: The improper attitudes and behavior in the practice of Christian witness. Proselytism embraces whatever violates the right of the human person, Christian or non-Christian, to be free from external coercion in religious matters, or whatever, in the proclamation of the Gospel, does not conform to the ways God draws free men to Himself in response to His calls to serve in spirit and in truth (*The Ecumenical Review—Vol XIII No. 1 "Common Witness and Proselytism: A Study Document."*).

Small Ecclesial Communities: Small groups organized for more intense personal and community relationships among the faithful and for a greater participation in the life and mission of the Church. *Instrumentum Laboris* for the 1987 Synod on the Laity (no. 58).

Specific Dimension: The most specific and basic expression of the general objective that expresses a particular dimension of same.

Plan Pastoral Nacional para el Ministerio Hispano

Noviembre de 1987
Conferencia Nacional de Obispos Católicos

En la Carta Pastoral de 1983, *La Presencia Hispana: Esperanza y Compromiso*, la Conferencia Nacional de Obispos Católicos convocó el III Encuentro Nacional Hispano de Pastoral y se comprometieron a un Plan Pastoral Nacional para el ministerio hispano. La publicación en 1986 de *Voces Proféticas: Documento del Proceso del III Encuentro Nacional Hispano de Pastoral* fue la base para la preparación del Plan Pastoral Nacional. El primer borrador fue presentado a la Asamblea General en noviembre de 1986. Los obispos dieron su aprobación al texto en su asamblea plenaria en Washington, D.C. en noviembre de 1987. Por consiguiente, el que firma más abajo autoriza la publicación del Plan Pastoral Nacional para el Ministerio Hispano.

Monseñor Daniel F. Hoye
Secretario General
NCCB/USCC

19 de enero de 1988

Contenido

Prefacio / 37

I. Introducción / 38

II. Marco de la Realidad Hispana / 40
- A. Historia / 40
- B. Cultura / 40
- C. Realidad Social / 41

III. Marco Doctrinal / 42
- Diagnóstico / 42

IV. Espiritualidad / 43

V. Objetivo General / 43

VI. Dimensiones Específicas / 45
- A. *Pastoral de Conjunto: De fragmentación a coordinación* / 45
  - 1. Antecedentes / 45
  - 2. Objetivo Específico / 45
  - 3. Programas y Proyectos / 45
    - a) Integración Pastoral / 45
      - (1) Integrar la visión común del Plan Nacional en estructuras de NCCB/USCC./ 45
      - (2) Compartir la visión común con los diferentes sectores./ 45
      - (3) Incluir líderes hispanos en las decisiones./ 45
      - (4) Promover experiencias multiculturales con otros culturas./ 45
    - b) Coordinación de la Acción Pastoral Hispana./ 46
      - (1) Mantener estructuras para coordinar plan / 46
      - (2) Promover la *Pastoral de Conjunto* diocesana / 46
      - (3) Promover la *Pastoral de Conjunto* parroquial / 46
      - (4) Desarrollar la coordinación diocesana / 46
    - c) Asesoramiento para la Acción Pastoral Hispana / 46
      - (1) Institutos y centros proporcionen la formación de agentes pastorales./ 46
      - (2) Desarrollar el crecimiento teológico-pastoral de los hispanos./ 46
      - (3) Usar personal y recursos para formación de NCCB/USCC para desarrollar líderes hispanos./ 46
    - d) Comunicación Pastoral / 47
      - (1) Promover el diálogo y la cooperación entre diversos grupos./ 47
      - (2) Usar los medios de comunicación como instrumentos para la evangelización./ 47
      - (3) Preparar y concientizar agentes pastorales en uso de medios de comunicación./ 47
      - (4) Hacer llegar a las bases el boletín *En Marcha* del Secretariado para Asuntos Hispanos./ 47
- B. Evangelización: *De ser lugar a ser hogar* / 47
  - 1. Antecedentes / 47
  - 2. Objetivo Específico / 48
  - 3. Programas y Proyectos / 48
    - a) Elaboración de criterios y capacitación para creación, desarrollo y acompañamiento de pequeñas comunidades eclesiales. / 48
      - (1) Convocar un simposium para preparar un manual guía para pequeñas comunidades. / 48
      - (2) Organizar un taller nacional de capacitación para equipos regionales. / 48
      - (3) Invitar directores diocesanos de movimientos apostólicos y párrocos a reflexión teológica-pastoral sobre evangelización integral y pequeñas comunidades eclesiales. / 48

       b) Renovación parroquial para desarrollar comunidad y sentido misionero / 48
           (1) Crear atmósfera acogedora e inclusiva donde se conozca la cultura de los marginados. / 48
           (2) Acompañar movimientos y grupos con la visión del Plan Pastoral./ 49
           (3) Promover la parroquia como una "comunidad de comunidades." / 49
           (4) Preparar equipos de visitadores./ 49
           (5) Elaborar plan de visitas pastorales./ 49
           (6) Promover la integración de la fe con la justicia social./ 49
  C. Opción Misionera: *De los asientos a los caminos* / 49
      1. Antecedentes / 49
      2. Objetivo Específico / 50
      3. Programas y Proyectos / 50
         a) Organización y asesoramiento para trabajadores del campo (migrantes) / 50
         b) Concientización sobre responsabilidad social cristiana y desarrollo de liderazgo / 50
         c) Hispanos en el Ejército / 50
         d) Promoción de la pastoral familiar / 51
           (1) Analizar variedad de formas que tiene la familia y cuestiones pastorales específicas./ 51
           (2) Publicar resultados del foro o foros en formato educativo para las pequeñas comunidades eclesiales. / 51
           (3) Diseminar material preparado y promover su uso en las bases. / 51
         e) La mujer y su papel en la Iglesia / 51
         f) Pastoral Juvenil / 51
           (1) Organización / 51
           (2) Compartiendo / 51
           (3) Encuentro Nacional para Representantes Regionales de la Juventud Hispana / 51
  D. Formación: *De buena intención a preparación* / 52
      1. Antecedentes / 52
      2. Objetivo Específico / 52
      3. Programas y Proyectos / 52
         a) Programa de reflexión y concientización / 52
           (1) Fomentar la reflexión teológica-pastoral entre los agentes de pastoral./ 52
           (2) Organizar seminarios o encuentros de reflexión de pastoralistas./ 52
         b) Proyectos de Investigación / 52
         c) Programas para identificar candidatos a la ordenación y a la vida religiosa / 53
           (1) Preparar hispanos laicos para que recluten vocaciones./ 53
           (2) Dar prioridad a vocaciones hispanas en agenda de organizaciones hispanas de laicos./ 53
           (3) Preparar directores vocacionales para reclutar candidatos hispanos./ 53
           (4) Invitar fieles hispanos a identificar candidatos para sacerdocio y vida religiosa./ 53
         d) Programas de Formación y Capacitación / 53
           (1) Preparar líderes de la base./ 53
           (2) Elaborar programa sobre importancia del papel de la mujer en historia de hispanos y de Iglesia./ 53
           (3) Elaborar programa de pastoral juvenil para líderes juveniles y asesores adultos./ 53
           (4) Colaborar con seminarios, centros y casas de formación preparando personas para pastoral hispana./ 53
           (5) Promover uso de programas de formación para hispanos y no-hispanos sobre principios pastorales./ 54
           (6) Invitar centros de estudios bíblicos y a los que producen materiales a producir programas y materiales que ayuden a hispanos a usar y a conocer la Biblia./ 54
           (7) Convocar agentes de pastoral para estudiar el problema del proselitismo./ 54
         e) Programa para la elaboración de materiales / 54
           (1) Para que líderes entiendan mejor su fe / 54

          (2) Para que líderes entiendan y vivan la Palabra / 54
          (3) Para análisis de la realidad a la luz del Evangelio y de las enseñanzas de la Iglesia / 54
          (4) Para agentes de pastoral para usar en las pequeñas comunidades eclesiales / 54
          (5) Para información sobre imigración / 54
          (6) Para concientizar sobre derechos y responsabilidades políticas / 54
          (7) Para las relaciones padres-hijos / 54
          (8) Para dar a conocer la piedad popular / 54
          (9) Para enseñar sobre liturgia y espiritualidad / 54
          (10) Para enseñar sobre la planificación natural de la familia / 54

VII. Evaluación / 55
    A. Orientación / 55
    B. Objetivo Específico / 55
    C. Programas y Proyectos / 55
        1. Coordinar el proceso de evaluación desde la perspectiva nacional. / 55
        2. Ofrecer capacitación y formación para el proceso de evaluación en la región y la diócesis. / 55
        3. Evaluar el Plan Pastoral en la diócesis. / 55
        4. Evaluar el Plan Pastoral en la region. / 56
        5. Evaluar el Plan Pastoral en el país. / 56

VIII. Espiritualidad y Mística / 57

IX. Apéndices / 58
    A. Bibliografía / 58
    B. Indice de Referencias / 59
    C. Diagrama Organizador / 61
    D. Terminología / 64

1 Este Plan Pastoral va dirigido a toda la Iglesia de los Estados Unidos. Enfoca las necesidades pastorales de los hispanos católicos pero es un reto también a todos los católicos como miembros del mismo Cuerpo de Cristo.[1]

Pedimos que este plan se estudie cuidadosamente y se tome en serio porque es el resultado de años de trabajo en el que participaron miles de personas que tomaron parte en el III Encuentro y es una elaboración de estrategias basadas en las Conclusiones de dicho Encuentro.

2 Nosotros, los Obispos de los Estados Unidos, adoptamos los objetivos de este plan y endosamos los medios específicos para alcanzarlos que están contenidos aquí. Pedimos a las diócesis y parroquias que incorporen este plan con el debido respeto por las adaptaciones locales. Lo hacemos con un sentido de urgencia y en respuesta al enorme reto que encierra la presencia de un número creciente de hispanos en los Estados Unidos. No solo aceptamos esta presencia dentro de nosotros como parte de nuestra responsabilidad pastoral, concientes de la misión que nos encomendó Cristo,[2] sino que lo hacemos con alegría y gratitud. Como dijimos en la Carta Pastoral de 1983, "En este momento de gracia reconocemos que la comunidad hispana que vive entre nosotros es una bendición de Dios."[3]

Presentamos este plan en espíritu de fe: fe en Dios que nos dará la fuerza y los recursos para llevar a cabo su plan divino en la tierra; fe en todo el Pueblo de Dios y en su colaboración en la grandiosa tarea ante nosotros; fe en los católicos hispanos y en que ellos se unirán con el resto de la Iglesia para edificar todo el Cuerpo de Cristo. Dedicamos este plan para honor y gloria de Dios, y en este Año Mariano invocamos la intercesión de la Bienaventurada Virgen María bajo el título de Nuestra Señora de Guadalupe.

---

1. 1 Corintios 12:12-13.
2. Mateo 28:18-20.
3. Conferencia Nacional de Obispos Católicos *La Presencia Hispana: Esperanza y Compromiso* (= PH), Carta Pastoral de los Obispos de los E.U.A. (Washington, D.C.: USCC Office of Publishing and Promotion Services, 1983) no. 1.

I. Introducción

3 Este Plan Pastoral Nacional es el resultado del compromiso expresado en nuestra Carta Pastoral sobre el Ministerio Hispano, *La Presencia Hispana: Esperanza y Compromiso.*

> Esperamos analizar las conclusiones del III Encuentro de modo que nos sirvan de base para lograr la formulación de un Plan Pastoral Nacional de Ministerio Hispano, que será considerado en nuestra asamblea general en la primera fecha posible después del Encuentro.[4]

Este plan es una respuesta pastoral a la realidad y a las necesidades de los hispanos en sus esfuerzos para lograr la integración y la participación en la vida de nuestra Iglesia y en la edificación del Reino de Dios.

4 La integración no debe confundirse con la asimilación. Por medio de una política de asimilación, los nuevos imigrantes son forzados a abandonar su idioma, cultura, valores, tradiciones y a adoptar una forma de vida y un culto que son extraños para poder ser aceptados como miembros de la parroquia. Esta actitud aleja a los nuevos imigrantes católicos de la Iglesia y los hace víctimas de las sectas y de otras denominaciones.

La integración quiere decir que los hispanos deben ser bienvenidos a nuestras instituciones eclesiásticas en todos los círculos. Deben ser servidos en su idioma siempre que sea posible y se deben respetar sus valores y tradiciones religiosas. Además debemos trabajar para el enriquecimiento mutuo por medio del intercambio de las dos culturas. Nuestros planteles deben ser accesibles a la comunidad hispana. La participación hispana en las instituciones, programas y actividades de la Iglesya se debe procurar y apreciar. Este plan trata de organizar y dirigir la mejor manera de realizar esta integración.

5 Este plan tiene su origen en nuestra Carta Pastoral, y está basado en el Documento de Trabajo del III Encuentro y en las Conclusiones del mismo. Toma en serio el contenido de estos documentos y busca la manera de implementarlos.

También toma en cuenta la realidad socio-cultural de los hispanos y sugiere un estilo de ministerio pastoral y modelo de Iglesia en armonía con su fe y cultura. Por esta razón requiere una afirmación explícita del concepto del pluralismo cultural en nuestra Iglesia dentro de la unidad fundamental de la doctrina como lo ha expresado muchas veces nuestro Magisterio.[5]

Este plan usa la metodología de la *Pastoral de Conjunto* donde todos los elementos del ministerio pastoral, todas las estructuras, y todas las actividades de los agentes pastorales, hispanos y no hispanos, se coordinan en relación a un objetivo común. Para integrar este plan dentro del proceso de planificación de las organizaciones, departamentos y agencias de la Iglesia en todos los ámbitos (nacional, regional, diocesano, parroquial) requerirá la adaptación local para que todos los elementos del ministerio pastoral operen armoniosamente.

El Objetivo General del plan es una síntesis de las Líneas Proféticas Pastorales aprobadas en el III Encuentro y presenta una visión y orientación para todas las actividades pastorales.[6]

Este documento es también una respuesta al proselitismo de las sectas. Para que sea efectivo es necesario que se renueven las estructuras parroquiales, que haya participación activa de parte de los párrocos y administradores y una actitud misionera renovada en todos los sectores de la Iglesia.[7]

6 *La planificación pastoral* es la organización efectiva del proceso total de la vida de la Iglesia para llevar a cabo la misión de ser levadura del Reino de Dios en este mundo. La planificación pastoral incluye estos elementos:

- análisis de la realidad en la que la Iglesia debe llevar a cabo su misión.
- reflexión sobre esta realidad a la luz del Evangelio y de las enseñanzas de la Iglesia;
- compromiso a la acción basada en la reflexión;
- reflexión teológica pastoral sobre este proceso;
- elaboración de un plan pastoral;
- implementación;
- evaluación continua de lo que se va haciendo;
- y la celebración de los logros de esta experiencia viva siempre dentro del contexto de la oración y su relación a la vida.

La *Pastoral de Conjunto* es un ministerio co-responsable y colaborador que incluye la coordinación de los agentes pastorales de todos los elementos de la vida pastoral y de las estructuras de las mismas con miras a una meta común: el Reino de Dios.

Este Plan Pastoral es un instrumento técnico que organiza, facilita y coordina las actividades de la Iglesia en la realización de su misión evangelizadora. Este plan está al servicio de la *Pastoral de Conjunto.* No es solo una metodología sino una expresión de la esencia de la Iglesia y de su misión que es la comunión.

---

4. Ibid., no. 19.

5. El Papa Pablo VI, *Evangelii Nuntiandi (= EN*, Exhortación Apostólica sobre la Evangelización en el Mundo Contemporáneo (Washington, D.C.: USCC Office of Publishing and Promotion Services, 1975) no. 20; Cf. Vaticano II, *Gaudium et spes (=* GS) (Constitución Pastoral de la Iglesia en el Mundo Actual) no. 153; Conferencia Nacional de Obispos Católicos, *Cultural Pluralism in the United States (= CP*, pronunciamiento del Comité del USCC para *Social Development and World Peace* (Washington, D.C.: USCC Office of Publishing and Promotion Services, 1981) no. 8.

6. III Encuentro Nacional Hispano de Pastoral, *Voces Proféticas: Documento del III Encuentro Nacional Hispano de Pastoral, (= VP* (Washington, D.C.: USCC Office of Publishing and Promotion Services, 1987).

7. Secretariado del Vaticano para la Unidad Cristiana, *Sectas o Nuevos Movimientos Religiosos: Un Reto Pastoral*, (Washington, D.C.: USCC Office of Publishing and Promotion Services, 1986) p, 15 no. 5.3-5.4.

PROCESO DE PLANIFICACION PASTORAL

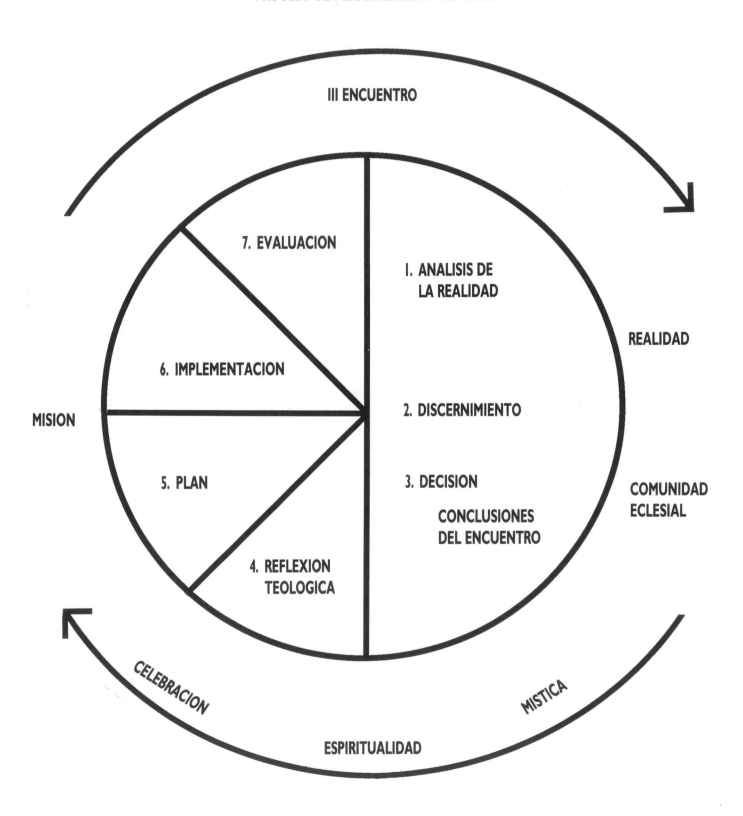

III ENCUENTRO

REALIDAD

7. EVALUACION

I. ANALISIS DE LA REALIDAD

6. IMPLEMENTACION

2. DISCERNIMIENTO

MISION

3. DECISION

CONCLUSIONES DEL ENCUENTRO

COMUNIDAD ECLESIAL

5. PLAN

4. REFLEXION TEOLOGICA

CELEBRACION

MISTICA

ESPIRITUALIDAD

II. Marco de la Realidad Hispana

A. Historia

7 La presencia Hispana en las Américas empezó juntamente con el primer viaje del descubrimiento de Cristobal Colón en el 1492, y la primera evangelización cristiana empezó en el 1493 con los asentamientos españoles en la Hispaniola. El evento fue un encuentro más que un descubrimiento porque los europeos se mezclaron rápidamente con los nativos de las Américas que poseían culturas sofisticadas y desarrolladas, y así se dió inicio a una nueva era y a un nuevo pueblo, es decir, a un verdadero "mestizaje."

En busca de tierras y de trabajadores, los españoles pronto encontraron la región que un día habría de convertirse en los Estados Unidos. En el 1513 Ponce de León exploró las costas de la Florida; luego, Pánfilo de Narváez trató de establecerse en la Florida en el 1527 mientras que al mismo tiempo Nuño de Guzmán avanzaba en las tierras al norte de México. Los sobrevivientes de la fracasada expedición de Narváez trajeron noticias de muchas tribus y grandes riquezas. Fray Marcos de Niza respondió en el 1539 con una expedición a las cercanías de las Rocosas que precedió a la de Francisco Vásquez de Coronado. Un año más tarde, Fray Juan Padilla dió su vida como mártir en las llanuras de Kansas. El Padre Luis Cancer, un misionero dominico, dió su vida en la Florida en 1549. A pesar de los fracasos, Pedro Menendez de Avilés siguió adelante y fundó la ciudad de San Agustín en 1565. Misioneros jesuitas llegaron a la Bahía de Cheasapeake solo para abandonarla mucho antes que Roanoke. Un mapa del 1529 ilustrado por el cartógrafo de la corte española, Diego Ribero, muestra que los misioneros y exploradores llegaron en el norte hasta Maryland, New York y Nueva Inglaterra y dieron nombres españoles a los ríos y montañas que vieron. En el oeste lejano, adventureros entraban en Nuevo México donde misioneros perdieron la vida en esfuerzos evangelizadores que fracasaron. No fue hasta que Juan de Oñate llegó en 1598 con decenas de nuevos colonizadores que la estabilidad llegó finalmente. Generaciones antes que los Peregrinos construyeran sus tenues colonias, los misioneros españoles luchaban por traer las Américas al rebaño de Cristo.

8 En el siglo XVII los misioneros franciscanos levantaron iglesias elegantes en los pueblos de Nuevo México; los jesuitas en las laderas del oeste de Nueva España integraron las dispersas rancherías de los indios en eficientes sistemas sociales que elevaron el estilo de vida en la América árida. Pero la importancia primaria de la evangelización como piedra angular de la política real española sucumbió ante las ambiciones políticas del siglo XVIII. Las misiones cayeron víctimas del secularismo. Primero, los jesuitas fueron exilados y la orden suprimida; los franciscanos y los dominicos trataron valientemente de detener la ola de absolutismo pero sus miembros se decimaron rápidamente y los servicios de la Iglesia para los pobres se desmoronaron.

La independencia arrasó a México y las provincias de Nueva España, ahora los estados de una nueva república, cayeron ante los ejércitos de los Estados Unidos. En las provisiones del Tratado de Guadalupe Hidalgo de 1848 los territorios de las viejas misiones fueron anexados a los crecientes Estados Unidos. La Florida española y Louisiana, francesa por un tiempo, eran estrellas en el campo azul de la conquista; y del Mississippi a las costas del Pacífico, las fronteras del mestizaje fueron puestas bajo la ley y las costumbres inglesas.

9 El siglo XIX se caracterizó por décadas de negligencia y ajustes. Las poblaciones hispanas y nativo-americanas fueron mal servidas e ignoradas. Las gentes de la meseta continuaron moviéndose hacia el norte como lo venían haciendo por más de un milenio pero ahora se encontraban con un nuevo imperio que innundaba sitios familiares y también las familias.

Las condiciones políticas y sociales del siglo XX han seguido incrementando la migración hacia el norte. Nuevas avenidas de imigración se abrieron desde las islas: puertorriqueños, cubanos, dominicanos han invadido la costa este. Los mexicanos continuan su viaje hacia el norte en busca de trabajo y oportunidad. Y las condiciones empeoradas de América Central y del Sur han añadido miles al flujo de imigrantes que hablan el mismo idioma que una vez dominaba a la América del Norte pero ahora es despreciado por muchos que ignoran el profundo poder cultural que ejerce en todo el mundo.

Los Estados Unidos de América no es toda la América. Hablamos de las Américas para describir un hemisferio de muchas culturas y tres idiomas dominantes — dos de la península ibérica y el otro de una isla del Atlántico norte. Ya que la Iglesia es la guardiana de la misión de Jesucristo, tiene siempre que acomodar las poblaciones cambiantes y las culturas en transición del mundo. Si la Iglesia está impregnada de normas culturales entonces divide y separa; pero si reemplaza normas culturales con la importancia suprema del amor, une a los muchos en el Cuerpo de Cristo sin disolver las diferencias ni destruir la identidad.

B. Cultura

10 La realidad histórica del Suroeste, la proximidad de los países de origen y la continua immigración, contribuyen al mantenimiento de la cultura y el idioma hispano dentro de los Estados Unidos. Esta presencia cultural se expresa de muchas maneras: en el imigrante que siente el "choque cultural" o en el hispano que tiene raíces en los Estados Unidos que datan de varias generaciones y que lucha con preguntas sobre su identidad mientras que frecuentemente se le hace sentir como un extraño en su propio país.

A pesar de estas diferencias, hay ciertas similitudes culturales que identifican a los hispanos como pueblo. La cultura expresa principalmente como un pueblo vive y percibe el mundo, los demás y Dios. La cultura es el conjunto de valores con los cuales un pueblo juzga, acepta y vive lo que considera importante para la comunidad.

Algunos valores que son partes de la cultura hispana incluyen "un profundo respeto por la dignidad de cada *persona*. . .un profundo y respetuoso amor por la *vida familiar*. . .un maravilloso sentido de *comunidad*. . . un afectuoso agradecimiento por la *vida*, don de Dios. . .y una auténtica y firme *devoción a María*. . . ."[8]

Para los hispanos católicos, la cultura se ha convertido en un modo de vivir la fe y de transmitirla. Muchas prácticas locales de piedad popular se han convertido en expresiones culturales generalmente aceptadas. Pero la cultura hispana, al igual que todas las demás, tiene que ser evangelizada continuamente.[9]

C. Realidad Social

11 La edad promedio de los hispanos es de 25 años. Este hecho junto con el flujo continuo de imigrantes asegura un aumento constante a la población.

Falta de educación y preparación profesional contribuyen a un alto grado de desempleo. Ni la educación pública ni la privada han respondido a las necesidades urgentes de esta población. Sólo 8% de hispanos se gradúa de universidad.[10]

Las familias se enfrentan a una gran variedad de problemas. El 25% de ellas vive en la pobreza y el 28% son familias con un solo cónyugue.[11]

Gran movilidad, educación deficiente, economía limitada y prejuicio racial son algunos de los factores que influyen en la poca participación de hispanos en las actividades políticas.

En conjunto, los hispanos son un pueblo religioso. Un 83% considera que la religión es importante. Tienen gran interés en conocer mejor la biblia y hay un gran apego a la prácticas religiosas populares.[12]

A pesar de esto, un 88% no son activos en sus parroquias. Sin embargo, Testigos de Jehová, grupos Pentecostales y otras sectas están aumentando dentro de la comunidad hispana. Según estudios recientes, los pobres, los hombres y los hispanos de la segunda generación son los que menos participan en la vida de la Iglesia. [13]

8. PH, no. 3.
9. EN, no. 20.
10. Oficina de Censos de los Estados Unidos, diciembre, 1985.
11. Ibid.

12. Roberto González y Michael LaVelle, *The Hispanic Catholic in the United States: A Socio-Cultural and Religious Profile* (Northeast Catholic Pastoral Center for Hispanics, 1985).
13. Ibid.

III. Marco Doctrinal

Diagnóstico

12 1. El patrimonio católico y la identidad cultural de los hispanos están siendo amenazados por los valores seculares que predominan en la sociedad americana. Los hispanos participan al margen de la Iglesia y de la sociedad y sufren las consecuencias de la pobreza y de la marginación.

2. Estas mismas personas, debido a su gran sentido religioso, de familia y de comunidad, son una presencia profética frente al materialismo e individualismo de la sociedad. Por el hecho de que la mayoría de los hispanos son católicos, su presencia puede ser una fuente de renovación dentro de la Iglesia Católica en Norteamérica. A causa de su juventud y crecimiento, esta comunidad continuará siendo una presencia importante en el futuro.

3. El proceso pastoral actual ofrece posibilidades magníficas en el aspecto social y religioso: más participación activa en la Iglesia, una crítica a la sociedad con la perspectiva de los pobres y un compromiso con la justicia social.

4. Al acercarse el 1992 con la celebración del 500 aniversario de la evangelización de las Américas, es más importante que nunca que los hispanos en los Estados Unidos recobren su identidad y su catolicismo, vuelvan a ser re-evangelizados por la Palabra de Dios y forgen una unidad muy necesaria entre todos los hispanos que han venido desde todo el mundo donde se habla español.

13 La misión de la Iglesia es continuar el trabajo de Jesús: anunciar el Reino de Dios y los medios para alcanzarlo.[14] Es la proclamación de lo que habrá de venir y también la anticipación de esa plenitud aquí y ahora en el proceso de la historia. El Reino que Jesús proclama e inicia es tan importante que todo lo demás es relativo ante esa realidad.[15]

La Iglesia, como comunidad, lleva a cabo la misión de Jesús entrando en la realidad cultural, religiosa y social de los pueblos y encarnándose en ellos y con ellos, "en virtud de su misión y naturaleza, no está ligada a ninguna forma particular de civilización humana ni a sistema alguno político, económico o social."[16] Por lo tanto ella puede predicar la necesidad que todos tienen de la conversión, de afirmar la dignidad de la persona y de buscar la manera de erradicar el pecado personal, las estructuras opresoras y las injusticias.

14 La Iglesia con su voz profética denuncia el pecado y anuncia esperanza y de este modo continua la presencia histórica y palpable de Jesús. Al igual que Jesús proclamó la Buena Nueva a los pobres y la libertad a los cautivos,[17] la Iglesia opta por los pobres y los marginados.

La Iglesia también se identifica con el Cristo Resucitado que se revela como la nueva creación y como la proclamación y realización de nuevos valores de solidaridad con todos: por medio de su simpleza, pacíficamente, por medio de la proclamación de su Reino que implica un orden social nuevo, por medio de un nuevo estilo de Iglesia a modo de levadura y sobre todo, por medio del don que nos dejó de su Espíritu.

15 Este Espíritu une a los miembros de la comunidad de Jesús íntimamente y a todos, en Cristo con Dios. Nuestra solidaridad se basa en esta vida en nosotros del Espíritu de Cristo. El Espíritu impulsa la comunidad a hacer real en esta vida un compromiso profético a la justicia y al amor y la ayuda a vivir, dentro de una experiencia de fe misionera, su unión con Dios.

Esta responsabilidad cae en la Iglesia toda, el Pueblo de Dios: el Papa y los obispos, sacerdotes, religiosos y laicos quienes tienen que llevar a cabo la misión de Jesús con sentido de co-responsabilidad. Todo esto se expresa de manera especial en la Eucaristía. Es allí donde Jesús se ofrece como Víctima por la salvación de todos y reta a todo el Pueblo de Dios a vivir según el compromiso de amor y servicio.

---

14. Mateo 28:18–20.
15. VP, Reflexión Teológica Pastoral.
16. GS, no. 42.
17. Lucas 4:18–19.

16 La espiritualidad o mística del pueblo hispano nace de su fe y de su relación con Dios.

La espiritualidad es el modo de vida de un pueblo, el movimiento del Espíritu de Dios, y el enraizamiento de una identidad cristiana en cada circunstancia de la vida. Es la lucha por vivir la totalidad de la vida personal y comunitaria de acuerdo al Evangelio. La espiritualidad da orientación y perspectiva a todas las dimensiones de la vida de una persona en el seguimiento de Jesús y en continuo diálogo con Dios.

La espiritualidad penetra todos los aspectos de la vida y por tanto se manifiesta con gran variedad. En este momento especial de su peregrinaje, los católicos hispanos revelan su espiritualidad por medio de las Líneas Proféticas del III Encuentro que se han resumido en el *Objetivo General* y en las *Dimensiones Específicas* de este plan. El Plan Pastoral es por tanto no sólo una serie de metas y objetivos sino también una contribución al desarrollo, crecimiento y realización de la vida de fe del pueblo tal como se discierne en el Espíritu de Dios y se encarna en nuestro tiempo.

V. Objetivo General

17
VIVIR Y PROMOVER. . .
a través de una pastoral de conjunto
un MODELO DE IGLESIA que sea:
comunitaria, evangelizadora y misionere,
encarnada en la realidad del pueblo hispano y
abierta a la diversidad de culturas,
promotora y ejemplo de justicia. . .
que desarrolle liderazgo por medio de la educación integral. . .
QUE SEA FERMENTO DEL REINO DE DIOS EN LAS SOCIEDAD

MARCO SITUACIONAL DE LA COMUNIDAD HISPANA

HISTORIA
CULTURA
REALIDAD SOCIAL

MARCO DOCTRINAL

VIDA Y MISIÓN DE JESÚS
Y DE LA IGLESIA

OBJETIVO GENERAL

DIAGNÓSTICO

VIVIR Y PROMOVER. . . a través de una pastoral de conjunto un MODELO DE IGLESIA que sea: comunitaria, evangelizadora y misionere, encarnada en la realidad del pueblo hispano y abierta a la diversidad de culturas, promotora y ejemplo de justicia. . . que desarrolle liderazgo por medio de la educación integral. . .QUE SEA FERMENTO DEL REINO DE DIOS EN LAS SOCIEDAD.

DIMENSIONES ESPECÍFICAS

PASTORAL DE CONJUNTO
EVANGELIZACION
OPCION MISIONERA
FORMACION

PASTORAL DE CONJUNTO:
De fragmentación a coordinación

Desarrollar una pastoral de conjunto que en sus estructuras y sus agentes manifieste comunión en integración, coordinación, asesoramiento y comunicación de la acción pastoral de la Iglesia según el objetivo general de este plan.

EVANGELIZACION:
De un lugar a un hogar

Reconocer, desarrollar, acompañar y apoyar las pequeñas comunidades eclesiales y otros grupos (Cursillos de Cristiandad, RENEW, Movimiento Carismático, grupos de oración) que unidos al obispo son instrumentos efectivos de evangelización para los hispanos. Estas pequeñas comunidades eclesiales y otros grupos de la parroquia promueven experiencias de fe y conversión, oración, misión y evangelización, relaciones interpersonales y amor fraterno, cuestionamiento profético y acciones por la justicia. Son un reto profético para la renovación de la Iglesia y la humanización de la sociedad.

OPCION MISIONERA:
De los asientos a los caminos

Promover la fe y la participación efectiva en las estructuras de la Iglesia y la sociedad de estos grupos prioritarios (los pobres, las mujeres, las familias y la juventud) para que sean agentes de su propio destino (auto-determinación) y capaces de progresar y de organizarse.

FORMACION:
De buenas intenciones a preparación

Proporcionar formación de líderes adaptada a la cultura hispana en los Estados Unidos que ayude al pueblo a vivir y a promover un estilo de Iglesia que sea fermento del Reino de Dios en la sociedad.

EVALUACION
CELEBRACION-ESPIRITUALIDAD-MISTICA

18 Las cuatro dimensiones específicas donde se concretiza el objetivo general son:

    A. *Pastoral de Conjunto: De fragmentación a coordinación*

    B. Evangelización: *De ser lugar a ser hogar*

    C. Opción Misionera: *De los asientos a los caminos*

    D. Formación: *De buena intención a preparación*

A. Pastoral de Conjunto: *De fragmentación a coordinación*

1. Antecedentes

19 Los católicos hispanos sienten falta de unidad y comunión en el ministerio pastoral de la Iglesia.

Hay falta de unión y coordinación de los criterios, la visión, las metas y las acciones comunes como también falta de fraternidad, comunión y espíritu de equipo en los diversos aspectos del ministerio pastoral. El reto consiste en que los laicos, religiosos y el clero trabajen unidos.

El proceso del III Encuentro enfatizó ciertos elementos claves de la *Pastoral de Conjunto:* amplia participación del pueblo, comunidades y grupos pequeños, trabajo en equipo, integración de diferentes areas de la pastoral, una visión común, interrelación de las diócesis, regiones y grupos nacionales, apertura a las necesidades del pueblo y a la universalidad de la Iglesia. Estos elementos claves deben unirse a los esfuerzos ya existente en el ministerio pastoral hispano por todo el país. Muchas diócesis ya tienen oficinas y recursos para el ministerio hispano. Aunque se ha hecho mucho, las necesidades son todavía muy grandes.

20 Estas experiencias ayudan a los hispanos a vivir el sentido de comunión de la Iglesia. La *Pastoral de Conjunto* manifiesta a plenitud aquella comunión a que la Iglesia ha sido llamada. Los hispanos desean vivir esta comunión de la Iglesia no solo entre sí mismos sino también con las diferentes culturas que hacen que la Iglesia sea universal aquí en los Estados Unidos.

Una mayor participación de los hispanos católicos en todos los aspectos de la vida de la Iglesia hará posible una integración auténtica, ayudará a la Iglesia a convertirse en una presencia mayor y a ser levadura de comunión en nuestra sociedad.

2. Objetivo Específico

21 Desarrollar una *Pastoral de Conjunto* que por medio de agentes y estructuras pastorales manifieste comunión en la integración, coordinación, asesoramiento y comunicación de la acción pastoral de la Iglesia según el objetivo general de este plan.

3. Programas y Proyectos

a) Integración Pastoral

22 (1) Integrar la visión común de este Plan Nacional de Pastoral en todas las estructuras de NCCB/USCC que son responsables de la acción y la educación pastoral.

Cómo: El Secretariado para Asuntos Hispanos se reunirá con los directores de los departamentos del NCCB/USCC para buscar la integración de la pastoral hispana a las estructuras existentes.

Cuándo: Según los canales normales para la preparación de planes, programas y presupuestos de las entidades correspondientes (NCCB/USCC).

Agente Responsable: El Secretariado para Asuntos Hispanos.

23 (2) Compartir la visión común del Plan Pastoral Nacional con los diferentes sectores: diócesis, área (decanatos, vicarías, etc), parroquias, movimientos apostólicos y organizaciones para que respondan a este ímpetu misionero en la evangelización.

Cómo: En las diócesis o áreas, convocación por el obispo diocesano, de sacerdotes y personal diocesano; en las parroquias, reunión patrocinada por el centro hispano del área o grupos hispanos con el párroco, organizaciones parroquiales y agentes de pastoral; en los movimientos apóstolicos y organizaciones, reunión con líderes nacionales de los movimientos para buscar la mejor manera de implementar el Plan Pastoral Nacional.

Cuándo: Según los canales normales para la preparación de planes, programas y presupuestos de las entidades correspondientes.

Agentes Responsables: En la diócesis, el obispo diocesano, el vicario, la oficina hispana, el coordinador del área; en la parroquia, el párroco; en las organizaciones y movimientos, los directores nacionales, el Secretariado para Asuntos Hispanos.

24 (3) Incluir líderes hispanos en las decisiones pastorales en todos los ámbitos.

Cómo: Financiamiento prioritario para la preparación de líderes; empleo de hispanos en posiciones con poder decisivo en todos los ámbitos.

Cuándo: Según los canales normales para la preparación de planes, programas y presupuestos de las entidades correspondientes.

Agentes Responsables: NCCB/USCC, el obispo diocesano, los vicarios, párrocos y otros directores de personal.

25 (4) Promover el entendimiento, la comunión y la solidaridad y las experiencias multiculturales con las demás culturas.

Cómo: Compartiendo la visión común y el plan con organizaciones eclesiales existentes.

Cuándo: Según los canales normales para la preparación de planes, programas y presupuestos de las entidades correspondientes (NCCB/USCC).

Agentes Responsables: El Comité del NCCB para Asuntos Hispanos y el Secretariado para Asuntos Hispanos.

b) Coordinación de la Acción Pastoral Hispana

26 (1) Mantener o crear estructuras nacionales, regionales y diocesanas que aseguren la coordinación efectiva de la vida pastoral hispana según este plan. El Secretariado, las oficinas regionales y diocesanas y los institutos son indispensables en llevar a cabo la coordinación y continuación de este plan, como también de la formación de agentes de pastoral con esta visión común. Aconsejamos la creación de centros y oficinas pastorales en aquellas diócesis donde no existen y son necesarias como también la coordinación de las que ya existen.

Cómo: Asegurando económicamente la existencia de esas oficinas e institutos; por medio de la creación de equipos coordinadores nacionales, regionales y diocesanos para llevar a cabo esta *Pastoral de Conjunto.*

Cuándo: Según los canales normales para la preparación de planes, programas y presupuestos de las entidades correspondientes (NCCB/USCC).

Agentes Responsables: El Comité de NCCB para Asuntos Hispanos, el Secretariado para Asuntos Hispanos y las oficinas regionales y diocesanas.

27 (2) Promover la *Pastoral de Conjunto* en las diócesis por medio de la creación de un plan pastoral diocesano que adapte e implemente este Plan Pastoral Nacional en cada diócesis según su realidad propia.

Cómo: Creando un equipo o junta pastoral diocesana compuesta por el vicario, sacerdotes, diáconos, religiosos y laicos representativos de parroquias, comunidades y movimientos y que ejecutarán los pasos necesarios para la planificación pastoral total.

Cuándo: Según los canales normales para la preparación de planes, programas y presupuestos de las entidades correspondientes.

Agentes Responsables: Los obispos diocesanos, vicarios, directores diocesanos para asuntos hispanos y equipos promotores diocesanos (EPD) con la asistencia de las oficinas regionales.

28 (3) Promover la *Pastoral de Conjunto* en el área y en la parroquia por medio de la creación de un plan pastoral parroquial que adapte e implemente el plan diocesano en cada parroquia.

Cómo: Reunión del coordinador del área y/o el párroco y el equipo pastoral con representantes de las comunidades de base

y del consejo pastoral para llevar a cabo los pasos necesarios en la planificación pastoral total.

Cuándo: Según los canales normales para la preparación de planes, programas y presupuestos de las entidades correspondientes.

Agentes Responsables: El coordinador del área, el párroco y el equipo pastoral o el consejo parroquial.

29 (4) Desarrollar coordinación diocesana y de cada área entre las pequeñas comunidades eclesiales del área o de la parroquia.

Cómo: Reuniones parroquiales con los coordinadores o facilitadores de cada área y de las comunidades de base para fomentar una visión común de evangelización misionera.

Cuándo: Según los canales normales para la preparación de planes, programas y presupuestos de las entidades correspondientes.

Agentes Responsables: Oficinas diocesanas para asuntos hispanos, equipos promotores diocesanos (EPD), párrocos y centros de cada área, en colaboración con las oficinas diocesanas para la educación de adultos y el ministerio laico.

c) Asesoramiento para la Acción Pastoral Hispana

30 (1) Que los institutos y centros pastorales y escuelas de ministerios proporcionen la formación y la preparación de agentes pastorales para el ministerio hispano en la nación, las regiones, las diócesis y las parroquias según la visión común de este Plan Pastoral.

Cómo: Por medio de la creación de programas, cursos, materiales y otros recursos necesarios y equipos móviles, etc.

Cuándo: Según los canales normales para la preparación de planes, programas y presupuestos de las entidades correspondientes.

Agentes Responsables: La Federación Nacional de Institutos Pastorales y los Directores de otros Centros Pastorales.

31 (2) Desarrollar el crecimiento teológico-pastoral de los hispanos en los Estados Unidos.

Cómo: Facilitando encuentros para agentes hispanos de pastoral; publicando reflexiones pastorales y teológicas de hispanos; organizando oportunidades para experiencias prácticas en diferentes campos pastorales; ayudando con becas para estudios avanzados en diferentes campos pastorales; celebrando liturgias que incorporan la riqueza de las expresiones culturales hispanas.

Cuándo: Según los canales normales para la preparación de planes, programas y presupuestos de las entidades correspondientes.

Agentes Responsables: La Federación Nacional de Institutos Pastorales y otros centros de formación pastoral tales como el Instituto de Liturgia Hispana.

32 (3) Usar el personal y los recursos para formación de NCCB/USCC para el desarrollo integral de líderes hispanos.

Cómo: Asegurando que los hispanos sean incluídos en las prioridades del NCCB/USCC como parte integral de la Iglesia de los Estados Unidos y en coordinación con las entidades existentes para la actividad pastoral hispana.

Cuándo: Según los canales normales para la preparación de planes, programas y presupuestos de las entidades correspondientes (NCCB/USCC).

Agente Responsable: El Secretariado para Asuntos Hispanos.

d) Comunicación Pastoral

33 (1) Promover el diálogo y la cooperación entre diversos grupos, movimientos apostólicos y comunidades de base para lograr el acuerdo mutuo, el compartir, y el apoyo que lleve a la comunión, la visión común y la unidad de criterios para la acción pastoral.

Cómo: Reuniones periódicas y encuentros entre representantes de diferentes entidades; intercambio de boletínes y de asuntos informativos; organización de proyectos comunes.

Cuándo: Según los canales normales para la preparación de planes, programas y presupuestos de las entidades correspondientes.

Agentes Responsables: El vicario, directores diocesanos para asuntos hispanos, coordinadores del área, clérigos, líderes de comunidades eclesiales de base y directores de movimientos apostólicos.

34 (2) Usar los medios de comunicación social como instrumentos para la evangelización que denuncian la violencia en todas sus formas y las injusticias que sufren las familias, los jóvenes, las mujeres, los indocumentados, los migrantes, los refugiados, los trabajadores del campo, los prisioneros y todos los que están al margen de la sociedad.

Cómo: Informando y preparando el personal encargado de los medios de comunicación de la Iglesia para que incorporen los asuntos que interesan a los hispanos y sus necesidades dentro del ministerio de sus oficinas y según la visión del Plan Pastoral.

Cuándo: Según los canales normales para la preparación de planes, programas y presupuestos de las entidades correspondientes.

Agentes Responsables: Departamentos de comunicación de las diferentes organizaciones de la Iglesia.

35 (3) Preparar y concientizar a los agentes de pastoral para que se especialicen en el uso de los medios de comunicación social.

Cómo: Por medio de talleres regionales donde se presenten las técnicas necesarias y pueda desarrollarse una conciencia crítica.

Cuándo: Según los canales normales para la preparación de planes, programas y presupuestos de las entidades correspondientes.

Agentes Responsables: Las oficinas diocesanas de comunicación social en colaboración con las oficinas regionales y los institutos pastorales y la ayuda del Comité para Comunicaciones del USCC.

36 (4) Hacer llegar a las bases el boletín "En Marcha" que publica el Secretariado para Asuntos Hispanos, para que sea instrumento informativo y de formación para los agentes de pastoral hispanos.

Cómo: Usando los mecanismos existentes para comunicación de las oficinas regionales y diocesanas y sus listas de líderes para aumentar su circulación.

Cuándo: Según los canales normales para la preparación de planes, programas y presupuestos de las entidades correspondientes.

Agente Responsable: El Secretariado para Asuntos Hispanos.

B. Evangelización: *De ser lugar a ser hogar*

I. Antecedentes

37 La gran mayoría de los hispanos se siente alejado o al margen de la Iglesia Católica. La evangelización ha estado limitada a las liturgias dominicales y a una preparación sacramental que no ha hecho hincapié en la conversión profunda que integra las dimensiones de la fe, el crecimiento espiritual y la justicia para transformar la sociedad. La comunidad hispana reconoce que la parroquia es, histórica y eclesiásticamente, la unidad básica de organización de la Iglesia en los Estados Unidos y continuará siendo. Al mismo tiempo se afirma que la conversión y el sentido de ser Iglesia se viven mejor en pequeñas comunidades, dentro de la parroquia, que son más personales y hacen a uno sentirse más parte de ella.

38 Muchos movimientos apostólicos y organizaciones eclesiales, por tradición, han servido para unir a los feligreses en pequeñas comunidades con fines diversos. Apoyamos la continuación de estas organizaciones y su desarrollo como manera posible y eficaz de evangelizar.

Dentro del proceso pastoral del ministerio hispano se han hecho muchos esfuerzos para reconocer pequeños grupos para el análisis, la reflexión y acción que responden a las necesidades de la gente. Por medio de equipos móviles y grupos de reflexión, el III Encuentro también facilitó el proceso de evangelización con la formación de pequeñas comunidades eclesiales.

Estas pequeñas comunidades promueven las experiencias de fe y conversión así como también el interés en cada persona y un proceso de evangelización con oración, reflexión, acción y celebración.

39 El objetivo de los programas siguientes es de continuar, apoyar y extender el proceso evangelizador a todo el pueblo hispano. De esta forma la comunidad católica tendrá una respuesta factible frente al proselitismo de los grupos fundamentalistas y a la atracción que ellos ejercen sobre los hispanos. Además, estaremos más concientes de nuestra responsabilidad de dar la bienvenida a los recién llegados, y de atraer a los inactivos y a los que no tienen iglesia.

2. Objetivo Específico

40 Reconocer, desarrollar, acompañar, y apoyar a las pequeñas comunidades eclesiales y a otros grupos de la Iglesia (Cursillos de Cristiandad, Movimiento Familiar Cristiano, *RENEW*, Movimiento Carismático, grupos de oración, etc.) que en unión al obispo son instrumentos eficaces de evangelización para los hispanos. Estas pequeñas comunidades eclesiales y otros grupos dentro del marco parroquial promueven experiencias de fe y conversión, la vida de oración, el impulso misionero, la evangelización, las relaciones interpersonales, el amor fraterno, el cuestionamiento profético y las acciones en pro de la justicia. Estas comunidades son un reto profético a la renovación de la Iglesia y a la humanización de nuestra sociedad.

3. Programas y Proyectos

a) Elaboración de criterios y capacitación para la creación, desarrollo y acompañamiento de pequeñas comunidades eclesiales.

41 (1) Convocar un simposium de agentes pastorales con experiencias en pequeñas comunidades eclesiales para preparar un manual guía que presente los elementos esenciales a las pequeñas comunidades eclesiales y los criterios y sugerencias prácticas para su desarrollo y coordinación a la luz de las Líneas Pastorales Proféticas del III Encuentro.

Cómo: Organizar un simposium con gentes especializadas en varios estilos de pequeñas comunidades eclesiales.

Cuándo: Según los canales normales para la preparación de planes, programas y presupuestos de las entidades correspondientes.

Agentes Responsables: Coordinado por el Secretariado para Asuntos Hispanos y con la asistencia del Comité Consejero Nacional al Secretariado (NAC), en colaboración con las oficinas regionales, la Federación Nacional de Institutos Pastorales y las oficinas diocesanas para asuntos hispanos.

42 (2) Organizar un taller nacional de capacitación para equipos representativos de cada región para usar el manual y otros documentos eclesiales y así poder desarrollar una visión y metodología común en la formación de las pequeñas comunidades eclesiales y su apoyo. Estos equipos conducirían entonces sesiones de capacitación en las regiones y diócesis.

Cómo: Por medio de un taller de capacitación nacional que dé inicio a talleres regionales y diocesanos.

Cuándo: Según los canales normales para la preparación de planes, programas y presupuestos de las entidades correspondientes.

Agentes Responsables: Coordinado por el Secretariado para Asuntos Hispanos en colaboración con las oficinas regionales y diocesanas.

43 (3) Invitar a los directores diocesanos para los movimientos apostólicos y a los párrocos a una reflexión teológica-pastoral sobre la evangelización integral y las pequeñas comunidades eclesiales. Esto facilitaría una evaluación y discernimientos que producirían la integración de objetivos y la colaboración en el desarrollo de programas evangelizadores.

Cómo: Invitando a los directores diocesanos a talleres y cursos organizados en diferentes diócesis del país.

Cuándo: Según los canales normales para la preparación de planes, programas y presupuestos de las entidades correspondientes.

Agentes Responsables: Oficinas diocesanas para asuntos hispanos

b) Renovación parroquial para desarrollar comunidad y el sentido misionero.

44 Parte del proceso del III Encuentro fue la organización de los equipos móviles para visitar y acercar a la Iglesia aquellos que se sienten alejados y al margen. Esto nos hizo más concientes de la fuerte campaña proselitista que confrontan los hispanos. Hay urgencia de ofrecer alternativas dinámicas a lo que los grupos fundamentalistas y las sectas ofrecen. El marco para esas alternativas es una parroquia misionera que forma pequeñas comunidades eclesiales para promover la evangelización integral y donde se comparta la fe y se viva la justicia.

Los proyectos siguientes para la renovación parroquial son sugerencias para ser adaptadas e implementadas localmente para evangelizar a los alejados de la Iglesia y a los marginados.

45 (1) Crear una atmósfera acogedora e inclusiva donde se conozca la cultura de los marginados.

Cómo: Enfatizando el aspecto misionero y comunitario en las misas dominicales, homilías, escuelas parroquiales, los programas catequéticos y de preparación sacramental, boletines y otros programas parroquiales (i.e., RICA); pidiendo a los programas litúrgicos y catequéticos que incluyan a las pequeñas comunidades eclesiales y participen en ellas; organizando en cada parroquia y por áreas, actividades concientizadoras con enfoque misionero y comunitario.

Cuándo: Según los canales normales para la preparación de planes, programas y presupuestos de las entidades correspondientes.

Agentes Responsables: Párrocos y grupos parroquiales, consejos pastorales, en colaboración con las oficinas diocesanas y centros de cada área.

46 (2) Acompañar a los movimientos y grupos existentes en la parroquia para que sus propósitos evangelizadores puedan ser suplementados con la visión del Plan Pastoral.

Cómo: Con la formación continua sobre el fin original de los diversos movimientos y de la misión evangelizadora de la Iglesia y del Plan Pastoral.

Cuándo: Según los canales normales para la preparación de planes, programas y presupuestos de las entidades correspondientes.

Agentes Responsables: Oficinas diocesanas y los directores de grupos y movimientos apostólicos.

47 (3) Promover la parroquia como una "comunidad de comunidades" especialmente por medio de pequeños grupos de áreas o comunidades eclesiales que integren a las familias y grupos existentes y sobre todo que las preparen a recibir a los que están alejados de la Iglesia.

Cómo: Organizar talleres diocesanos para párrocos y miembros de consejos pastorales para estudiar y planificar la organización de pequeñas comunidades eclesiales según el objetivo general de este plan; formar un equipo hispano o integrar los hispanos al consejo pastoral con el párroco y otros ministros parroquiales.

Cuándo: Según los canales normales para la preparación de planes, programas y presupuestos de las entidades correspondientes.

Agentes Responsables: El obispo diocesano, vicario y la oficina diocesana para asuntos hispanos en coordinación con las oficinas regionales.

48 (4) Preparar equipos de visitadores para ser proclamadores de la Palabra y del amor de Dios y formar comunidades con las familias visitadas y así hacer "puente" entre los marginados y la Iglesia.

Cómo: Talleres parroquiales que presenten técnicas para: analizar la realidad local; responder a las necesidades de las familias marginadas; formar comunidades de aceptación, amor y justicia; facilitar un proceso de conversión, formación y compromiso eclesial; apreciar la piedad popular; enseñar la biblia y la interpretación católica de ésta; adquirir conocimientos básicos sobre la liturgia y su relación a la oración.

Cuándo: Según los canales normales para la preparación de planes, programas y presupuestos de las entidades correspondientes.

Agentes Responsables: Oficina diocesana para asuntos hispanos, centros del área y equipos promotores diocesanos (EPD) en coordinación con el párroco y el consejo parroquial.

49 (5) Elaborar un plan de visitas pastorales a los hogares de los marginados para escuchar, responder a sus necesidades y luego invitarlos a formar parte de pequeñas comunidades eclesiales.

Cómo: Organizar un plan sistemático de visitas para cada parroquia.

Cuándo: Según los canales normales para la preparación de planes, programas y presupuestos de las entidades correspondientes.

Agentes Responsables: El párroco y el consejo pastoral.

50 (6) Promover la integración de la fe con la transformación de las estructuras sociales injustas.

Cómo: Elaborando un tipo de concientización y compromiso con la justicia que es parte integral de la evangelización en las pequeñas comunidades eclesiales y en todos los programas de la parroquia; trabajando juntos para responder a las necesidades de los que están más lejos de un compromiso de fe basándose en el continuo análisis de la realidad local; integrando las enseñanzas sociales de la Iglesia y el compromiso con la justicia como partes integrales de la evangelización en la formación de pequeñas comunidades eclesiales y revisando y evaluando programas existentes desde esta perspectiva y haciendo los cambios necesarios.

Cuándo: Según los canales normales para la preparación de planes, programas y presupuestos de las entidades correspondientes.

Agentes Responsables: El párroco, líderes parroquiales hispanos, el consejo pastoral en colaboración con las oficinas diocesanas, las oficinas regionales, los institutos pastorales y el Instituto de Liturgia Hispana.

C. Opción Misionera: *De los asientos a los caminos*

I. Antecedentes

51 Durante el proceso del III Encuentro, los hispanos hicieron una opción preferencial por los pobres, los marginados, la familia, la mujer y la juventud. Estos grupos prioritarios no son sólo los destinatarios sino los sujetos del ministerio pastoral hispano.

52 *Los pobres y marginados* tienen participación limitada en el proceso político, social, económico y religioso. Esto se debe a su subdesarrollo y marginación de las estructuras de la Iglesia y de la sociedad donde se toman las decisiones y se ofrecen los servicios. Resaltan estos problemas:

- Falta de oportunidad de educación y avance.
- Malas condiciones de salud, higiene y vivienda.
- Los trabajadores agrícolas migrantes sufren, además, a causa

de la inestabilidad de su vida y trabajo que agrava los otros problemas.

53 *La familia* hispana, en su mayoría urbana, pobre y más numerosa que las familias no-hispanas, confronta una serie de dificultades en estas áreas:

- comunicación entre cónyugues y entre padres e hijos
- divorcio y separación
- madres solteras
- aborto
- alcoholismo y drogas
- falta de formación para dar a sus hijos educación sexual y moral
- marginación en el ambiente hispano y no-hispano
- falta de contacto con la Iglesia, especialmente con la parroquia
- indocumentación legal que resulta en tensiones familiares

54 Dentro de esta realidad, *la mujer* sufre una triple discriminación:

- social (machismo, abuso sexual y emocional, auto-estimación muy baja, explotación por los medios de comunicación);
- económica (obligada a trabajar sin preparación técnica, explotación en los sueldos y tipos de trabajo, totalmente responsable de la familia, sin identidad propia);
- religiosa (no se da importancia a su papel en la preservación de la fe, no participa en las decisiones pero carga el peso del trabajo pastoral).

55 *Los jóvenes,* hombres y mujeres:

- una gran mayoría está alejada de la Iglesia;
- carecen de atención y cuidado pastoral, generalmente;
- son víctimas de la sociedad materialista y consumista;
- tienen dificultad en definir su identidad por que viven entre dos idiomas y culturas diferentes;
- sufren las consecuencias de la desintegración de la familia;
- fuerte presión de otros jóvenes hacia las drogas, el crimen, las pandillas y el abandono de la escuela.

2. Objetivo Específico

56 Promover la fe y la participación eficaz de estos grupos prioritarios (los pobres, la mujer, la familia y la juventud) en la Iglesia y en las estructuras sociales para que puedan ser agentes de su propio destino (auto-determinación) y capaces de superarse y organizarse.

3. Programas y Proyectos

a) Organización y asesoramiento para trabajadores del campo (migrantes)

Una persona a tiempo completo y con jurisdicción nacional dentro de la oficina de *Pastoral Care of Migrants and Refugees* que planifique y evalúe la pastoral con los trabajadores del campo (migrantes) a través de dos reuniones anuales con una persona de cada región.

Cómo: Consulta con las oficinas regionales sobre representantes y sobre las estructuras adecuadas para cada región.

Cuándo: Según los canales normales para la preparación de planes, programas y presupuestos de las entidades correspondientes.

Agente Responsable: El Comité del NCCB sobre Migración

b) Concientización sobre responsabilidad social cristiana y desarrollo de liderazgo

58 Desarrollar ministerios para la justicia y la capacitación de líderes por medio de contactos específicos con entidades cívicas y sociales que respondan a la condición de los pobres y marginados. Estos ministerios deben aclarar la influencia y la colaboración concreta de la Iglesia con esas entidades.

Cómo: Con organizaciones comunitarias en todo el país, las regiones, las diócesis y las parroquias.

Cuándo: Según los canales normales para la preparación de planes, programas y presupuestos de las entidades correspondientes.

Agente Responsable: Las oficinas de *Social Development and World Peace* y *Campaign for Human Development.*

c) Hispanos en el Ejército

59 Reunión de los capellanes del ejército en las áreas donde hay personal hispano con el objetivo de:

- integrar en su ministerio el proceso del III Encuentro
- reflexionar juntos sobre la situación de los hispanos en el ejército, especialmente de las mujeres, dada las dificultades y presiones que frecuentemente confrontan.
- elaborar un programa de concientización y evangelización para hispanos en el ejército.

Cómo: Un comité de capellanes del ejército para organizar el ministerio hispano en áreas con bases militares con muchos hispanos.

Cuándo: Según los canales normales para la preparación de planes, programas y presupuestos de las entidades correspondientes.

Agentes Responsables: La arquidiócesis para los Servicios Militares en colaboración con la Federación de Institutos Pastorales.

d) Promoción de la pastoral familiar

60 (1) Analizar la variedad de formas que tiene la familia y cuestiones pastorales específicas; descubrir y diseñar modelos de participación y organización para la integración de la familia en la Iglesia y sociedad; establecer metas comunes para la pastoral familiar.

Cómo: organizando un foro o foros de alcance nacional sobre la pastoral familiar hispana en colaboración con líderes diocesanos de la pastoral familiar hispana.

Cuándo: Según los canales normales para la preparación de planes, programas y presupuestos de las entidades correspondientes.

Agentes Responsables: El Comité del *NCCB/USCC on Marriage and Family Life* en colaboración con el Secretariado para Asuntos Hispanos.

61 (2) Publicar los resultados del foro o foros en formato educativo para las pequeñas comunidades eclesiales.

Cómo: Por medio de un comité de los participantes en el foro o foros sobre pastoral familiar.

Cuándo: Según los canales normales para la preparación de planes, programas y presupuestos de las entidades correspondientes.

Agentes Responsables: El Comité del *NCCB on Marriage and Family Life* en colaboración con el Secretariado para Asuntos Hispanos.

62 (3) Diseminar el material preparado y promover su uso en las bases.

Cómo: Por medio de las oficinas diocesanas para el ministerio familiar, el ministerio hispano, institutos pastorales regionales y centros diocesanos de pastoral.

Cuándo: Según los canales normales para la preparación de planes, programas y presupuestos de las entidades correspondientes.

Agentes Responsables: El Comité de *NCCB on Marriage and Family Life* en colaboración con el Secretariado para Asuntos Hispanos.

e) La mujer y su papel en la Iglesia

63 Ofrecer foros para aquellas mujeres que prestan diferentes servicios o ministerios en la pastoral hispana con el fin de:

- analizar la situación de las mujeres hispanas para dar realce a los dones de inteligencia y compasión que comparten con la Iglesia;
- identificar un modelo de Iglesia que sostiene y fomenta a la mujer en los ministerios;

- valorar el papel de la pequeña comunidad eclesial en la promoción de la mujer;
- examinar, a la luz del proceso del III Encuentro, la realidad de la mujer hispana y considerar cuales ministerios deben mantenerse y cuales deben crearse.

Cómo: Reuniones regionales.

Cuándo: Según los canales normales para la preparación de planes, programas y presupuestos de las entidades correspondientes.

Agentes Responsables: La Federación Nacional de Institutos Pastorales en colaboración con el Secretariado para Asuntos Hispanos y el Comité del *NCCB on Women in Society and in the Church.*

f) Pastoral Juvenil

64 (1) Organización: Garantizar la participación de la juventud hispana en la vida y misión de la Iglesia.

Cómo: promoviendo la creación de organismos de coordinación en la nación, las regiones, diócesis y parroquias; dando oportunidad a los jóvenes hispanos para que consideren vocaciones al sacerdocio o a la vida religiosa.

Cuándo: Según los canales normales para la preparación de planes, programas y presupuestos de las entidades correspondientes.

Agentes Responsables: El Secretariado para Asuntos Hispanos en colaboración con el Comité del NCCB para Asuntos Hispanos y la Oficina para Jóvenes del USCC.

65 (2) Compartiendo la pastoral juvenil hispana: identificar programas efectivos y existentes que pueden servir de modelo para alcanzar a los jóvenes más alejados y ayudar a la multiplicación de esos programas en diferentes diócesis y parroquias.

Cómo: Compartiendo programas y metodologías con otras diócesis; usando centros existentes, encuentros regionales, equipos móviles, organizaciones, pequeñas comunidades eclesiales, centros populares en las diócesis y parroquias para que la juventud hispana sienta la acogida de la Iglesia y su oferta de oportunidades para formación y servicio.

Cuándo: Según los canales normales para la preparación de planes, programas y presupuestos de las entidades correspondientes.

Agentes Responsables: Oficinas diocesanas para jóvenes, el Comité Nacional Hispano de Pastoral Juvenil (CNH de PJ), en colaboración con el Secretariado para Asuntos Hispanos y la Oficina para Jóvenes del USCC.

66 (3) Encuentro Nacional para Representantes Regionales de la Juventud Hispana. Tópicos que deben ser considerados por este Encuentro Nacional:

- estadísticas y datos sobre la realidad de los jóvenes;
- modelos existentes de pastoral juvenil;

- seminarios de capacitación para evangelizadores de jóvenes
- estrategias para la participación de las familias.

Cómo: Por medio de encuentros diocesanos y regionales.

Cuándo: Según los canales normales para la preparación de planes, programas y presupuestos de las entidades correspondientes.

Agentes Responsables: Jóvenes hispanos en colaboración con el Comité de NCCB para Asuntos Hispanos, del Comité Nacional Hispano de Pastoral Juvenil (CNH de PJ) en colaboración con el Secretariado para Asuntos Hispanos.

D. Formación: *De buena intención a preparación*

I. Antecedentes

67 Durante el proceso del III Encuentro y en sus conclusiones, hemos encontrado entre los hispanos estas características en cuanto a formación se refiere.

Hay aprecio por los grandes esfuerzos que hacen los institutos, centros de pastoral, escuelas de ministerios, parroquias y otros para formar agentes pastorales. Estos esfuerzos han producido una mayor concientización, responsabilidad y deseo de participación.

Hacen falta agentes de pastoral y esto hace peligrar el futuro de la fe católica entre los hispanos. Los agentes de pastoral, especialmente los laicos, no siempre encuentran apoyo, interés, reconocimiento o aceptación en las estructuras eclesiales tales como la parroquia y las oficinas diocesanas.

68 Hay necesidad de crear centros, programas de formación, espiritualidad y catequesis que respondan a las necesidades de los hispanos, especialmente en las parroquias.

Es importante que los proyectos de formación y espiritualidad que se desarrollen tengan una dimensión misionera e integral y lleven a un compromiso con la justicia. La formación integral tiene que incluir capacitación catequética.

2. Objetivo Específico

69 Ofrecer una formación de líderes que esté adaptada a la cultura hispana en los Estados Unidos y que ayude a los destinatarios a vivir y a promover un estilo de Iglesia que sea fermento del Reino de Dios en la sociedad.

3. Programas y Proyectos

a) Programa de reflexión y concientización

70 Facilitar una continua reflexión teológica-pastoral en todos los ámbitos como parte integral del ministerio pastoral y a manera de discernir el avance del pueblo.

(1) Fomentar la reflexión teológica-pastoral entre los agentes de pastoral en las bases que acompañan al pueblo en el proceso pastoral.

Cómo: Talleres locales; un manual guía para ayudar a los agentes de pastoral a facilitar estas reflexiones en las pequeñas comunidades eclesiales.

Cuándo: Según los canales normales para la preparación de planes, programas y presupuestos de las entidades correspondientes.

Agentes Responsables: Párroco y líderes parroquiales con la ayuda de las oficinas diocesanas para asuntos hispanos, la Federación Nacional de Institutos Pastorales en colaboración con el Secretariado para Asuntos Hispanos y la oficina del NCCB para los Laicos.

71 (2) Organizar seminarios o encuentros de reflexión de pastoralistas en los diferentes campos de liturgia, catequesis, teología y evangelización.

Cómo: Seminarios o encuentros regionales en colaboración con los institutos pastorales.

Cuándo: Según los canales normales para la preparación de planes, programas y presupuestos de las entidades correspondientes.

Agentes Responsables: Federación de Institutos Pastorales y el Instituto de Liturgia Hispana.

b) Proyectos de Investigación

72 Investigar científicamente la realidad hispana en sus aspectos socio-económico, cultural, religioso y psicológico; dando especial atención a:

- la familia
- la piedad popular
- los pobres y marginados (migrantes, barrios, pobres urbanos)
- los jóvenes
- las mujeres

Cómo: Obteniendo becas para investigación en las escuelas graduadas.

Cuándo: Según los canales normales para la preparación de planes, programas y presupuestos de las entidades correspondientes.

Agentes Responsables: El Comité del NCCB para Asuntos Hispanos y otros comités del NCCB/USCC relacionados al asunto (en cooperación con universidades y colegios católicos, y seminarios) con la colaboración de la Federación Nacional de Institutos Pastorales.

c) Programas para identificar candidatos a la ordenación y a la vida religiosa

73 Diseñar, apoyar e implementar programas vocacionales con especial sensitividad hacia la perspectiva cultural y religiosa de los hispanos.

(1) Preparar hispanos laicos, hombres y mujeres, para que recluten vocaciones.

Cómo: Desarrollar programas de capacitación para hispanos laicos en colaboración con los directores para vocaciones de las comunidades religiosas y de las diócesis.

Cuándo: Según los canales normales para la preparación de planes, programas y presupuestos de las entidades correspondientes.

Agentes Responsables: Bishops' Committee on Vocations, National Conference of Diocesan Vocation Directors y National Religious Vocation Conference.

74 (2) Dar prioridad a las vocaciones hispanas en la agenda de las organizaciones hispanas de laicos.

Cómo: Desarrollar sesiones de capacitación para concientizar los líderes de las organizaciones hispanas de laicos sobre las vocaciones.

Cuándo: Según los canales normales para la preparación de planes, programas y presupuestos de las entidades correspondientes.

Agentes Responsables: Bishops' Committee on Vocations en colaboración con las oficinas regionales y diocesanas para asuntos hispanos.

75 (3) Preparar directores vocacionales para reclutar, con más eficiencia, candidatos hispanos.

Cómo: Patrocinar talleres de capacitación tales como *In My Father's House.*

Cuándo: Según los canales normales para la preparación de planes, programas y presupuestos de las entidades correspondientes.

Agentes Responsables: Bishops' Committee on Vocations, National Conference of Diocesan Vocation Directors y National Religious Vocation Conference.

76 (4) Invitar a los fieles hispanos a identificar posibles candidatos para el sacerdocio y la vida religiosa.

Cómo: Implementando el programa parroquial TE LLAMA POR TU NOMBRE.

Cuándo: Según los canales normales para la preparación de planes, programas y presupuestos de las entidades correspondientes.

Agentes Responsables: Bishops' Committee on Vocations en colaboración con los directores diocesanos para vocaciones.

d) Programas de Formación y Capacitación

77 Organizar cursos para la capacitación de líderes en diversos lugares y áreas, con énfasis en la participación de los grupos prioritarios identificados en el contenido y en la experiencia del III Encuentro.

(1) Preparar líderes de la base para crear, animar y coordinar pequeñas comunidades eclesiales y que representen la voz del pueblo en instituciones cívicas y sociales. Proporcionar un manual para celebraciones litúrgicas que faciliten el crecimiento espiritual de estas comunidades.

Cómo: Sesiones de capacitación, cursos locales y equipos móviles de formación.

Cuándo: Según los canales normales para la preparación de planes, programas y presupuestos de las entidades correspondientes.

Agentes Responsables: Párrocos y líderes parroquiales en coordinación con oficinas diocesanas para asuntos hispanos, otras oficinas diocesanas, institutos regionales de pastoral y el Instituto de Liturgia Hispana.

78 (2) Elaborar un programa sobre la importancia del papel de la mujer en la historia de los hispanos y de la Iglesia para profundizar en las dimensiones femeninas y masculinas de la persona; valorar el lugar de la mujer dentro del contexto hispano y en relación a otras culturas. Capacitar líderes para presentar este programa a las pequeñas comunidades eclesiales.

Cómo: Con seminarios y cursos ofrecidos por los institutos regionales

Cuándo: Según los canales normales para la preparación de planes, programas y presupuestos de las entidades correspondientes.

Agentes Responsables: National Federation of Pastoral Institutes en colaboración con el Secretariado para Asuntos Hispanos y el *NCCB Committee on Women in Society and the Church.*

79 (3) Elaborar un programa de pastoral juvenil para líderes juveniles y asesores adultos que contenga estos elementos: cultura, política, socio-economía, pastoral, visión de Iglesia y técnicas para pastoral juvenil.

Cómo: Nombrando un equipo de trabajo (*task force*) para que diseñe este programa; capacitando equipos para usar el programa.

Cuándo: Según los canales normales para la preparación de planes, programas y presupuestos de las entidades correspondientes.

Agentes Responsables: Comité Nacional Hispano de Pastoral Juvenil (CNH de PJ) en colaboración con el Comité del NCCB para Asuntos Hispanos y el Secretariado para Asuntos Hispanos.

80 (4) Colaborar con seminarios, centros para el diaconado permanente y casas de formación religiosa para hombres y mujeres para que sus programas para personas que se preparan para la pastoral con hispanos armonice con la visión del proceso del III Encuentro que se especifica en este Plan Pastoral Nacional.

Cómo: Estableciendo canales de comunicación y cooperación entre estos centros de formación y los institutos hispanos de pastoral; ofreciendo programas de formación para personas que se preparan a servir a los hispanos.

Cuándo: Según los canales normales para la preparación de planes, programas y presupuestos de las entidades correspondientes.

Agentes Responsables: Federación Nacional de Institutos Pastorales en colaboración con el *NCCB Coommittees on Vocations, Priestly Formation* y *Permanent Diaconate*; *Conference of Major Superiors of Men* (CMSM) y *Leadership Conference of Women Religious* (LCWR).

81 (5) Promover el uso de programas de formación para directores y el personal de oficinas diocesanas tanto hispanos como no-hispanos que laboran en la educación y la pastoral para ayudarlos a conocer la historia, la cultura y las necesidades de los hispanos y los principios pastorales para servirlos.

Cómo: Con seminarios periódicos de estudio para: personal diocesano; párrocos y personal parroquial.

Cuándo: Según los canales normales para la preparación de planes, programas y presupuestos de las entidades correspondientes.

Agentes Responsables: Los obispos diocesanos en colaboración con los vicarios u oficinas diocesanas para asuntos hispanos, equipos de áreas con la ayuda de los institutos pastorales.

82 (6) Invitar a los centros de estudios bíblicos y a los que producen materiales a producir programas y materiales que ayuden a los hispanos a usar y a conocer la Biblia.

Cómo: Por medio de la comunicación con los centros bíblicos correspondientes.

Cuándo: Según los canales normales para la preparación de planes, programas y presupuestos de las entidades correspondientes.

Agentes Responsables: El Comite del NCCB para Asuntos Hispanos y el Secretariado para Asuntos Hispanos.

83 (7) Convocar a agentes de pastoral en el país para: estudiar el problema del proselitismo entre los hispanos; evaluar esta realidad y preparar material y equipos móviles que capaciten a otros agentes de pastoral para la nación y las localidades.

Cómo: Por medio de una reunión nacional

Cuándo: Según los canales normales para la preparación de planes, programas y presupuestos de las entidades correspondientes.

Agentes Responsables: El Comité de *NCCB on Ecumenical and Interreligious Affairs*.

e) Programa para la elaboración de materiales

84 Que los institutos pastorales promuevan y formen un equipo responsable de producir materiales al alcance de las bases. Especialmente se recomienda la producción de:

(1) materiales que ayuden a nuestros líderes a lograr un mejor entendimiento de su fe católica y una espiritualidad viva para laicos comprometidos;

(2) materiales bíblicos para los líderes y las bases que ayuden a los católicos a entender y a vivir la Palabra y así evitar la ignorancia y el fundamentalismo;

(3) un manual guía en lenguaje popular para el análisis continuo de la relidad a la luz del Evangelio y de las enseñanzas de la Iglesia como base para la acción pastoral y su evaluación;

(4) materiales simples para agentes de pastoral para usar en talleres y cursos de capacitación y que sean de fácil uso en las pequeñas comunidades eclesiales;

(5) recursos con información sobre imigración; esto incluye el desarrollo de materiales informativos sobre imigración, dirigidos al pueblo para dar orientación sobre los derechos de los indocumentados y leyes relacionadas con el proceso de legalización y naturalización;

(6) un manual guía sobre los derechos y las responsabilidades políticas como parte de un programa de concientización sobre la responsabilidad cristiana de acompañar la campaña para el registro de votantes en las parroquias.

(7) un manual de pautas, sencillo y práctico, para las relaciones padres-hijos que tiene presente las características de la familia hispana; la producción y diseminación de este manual para que se use en reuniones familiares o en las pequeñas comunidades eclesiales;

(8) un folleto sobre piedad popular, sus valores y sus raíces, para las pequeñas comunidades eclesiales;

(9) elaboración de materiales en las áreas de liturgia y espiritualidad, que incluya catequesis sobre la liturgia y los diferentes papeles en ella;

(10) materiales prácticos sobre la planificación natural de la familia.

Cómo: Formación de un comité de producción para la elaboración de materiales.

Cuándo: Según los canales normales para la preparación de planes, programas y presupuestos de las entidades correspondientes.

Agentes Responsables: Federación Nacional de Institutos Pastorales en colaboración con los centros diocesanos de pastoral y el Instituto de Liturgia Hispana

A. Orientación

85 La evaluación es parte integral de la planificación pastoral. Es el proceso que nos mantiene en constante conversión como agentes de la pastoral y en constante conversión comunitaria como pueblo.

No se trata de mirar hacia atrás de forma meramente técnica para garantizar que lo planificado se llevó a cabo; sino tiene que ser una expresión de lo que la Iglesia es y hace en relación al Reino.

Por medio de la evaluación, se pueden ver nuevos horizontes, y también posibilidades y alternativas a los esfuerzos que no han dado resultado en alcanzar la meta. Una evaluación efectiva también es una oportunidad para remodelar el plan en vista de la experiencia pastoral continua.

86 Ya que no es una asunto de un análisis puramente técnico, el ambiente en donde se lleva a cabo la evaluación es de suma importancia. Todo el proceso del III Encuentro se acompañó siempre con reflexión y oración, es decir, con una *Mística*. La evaluación pastoral demanda una atmósfera de reflexión, confianza, libertad, colaboración mutua y comunión, por que lo que está en juego es la vida de toda la comunidad en su peregrinar hacia el Reino.

El pueblo tienen que participar en la evaluación ya que ha participado en la planificación y en la toma de decisiones.

La coordinación, aspecto central y meta de la planificación pastoral, exige evaluaciones periódicas y no sólo al final. Esta crea un proceso continuo para discernir y evaluar la realidad cambiante, la totalidad de ministerio pastoral y las prioridades de la acción.

B. Objetivo Específico

87 Determinar si el objetivo general del plan se está consiguiendo y si el proceso refleja con fidelidad lo que Iglesia es y lo que hace en relación al Reino.

C. Programas y Proyectos

88 Llevar a cabo una evaluación continua de todo el proceso pastoral según el Plan Pastoral Nacional.

I. Coordinar el proceso de evaluación desde la perspectiva nacional.

Cómo: ANTES: Nombrar el Comité Consejero Nacional (NAC) para que diseñe instrumentos apropiados según la orientación y el objetivo de la evaluación. Debe haber un sistema uniforme para la evaluación de los diferentes sectores; desarrollar un proceso de capacitación para usar los instrumentos en las regiones y diócesis. DESPUES: Recopilar datos de los informes de evaluación de las diócesis, regiones y de la nación; utilizar los recursos necesarios para interpretar los informes de acuerdo al objetivo específico del proceso evaluativo; diseminar los resultados de la evaluación a todos los grupos para dar nueva vida al proceso de planificación pastoral.

Cuándo: Según los canales normales para la preparación de planes, programas y presupuestos de las entidades correspondientes.

Agentes Responsables: El Comite del NCCB para Asuntos Hispanos y el Secretariado para Asuntos Hispanos en colaboración con el Comité Consejero Nacional.

2. Ofrecer capacitación y formación para el proceso de evaluación en la región y la diócesis.

89 *Cómo:* Organizando un taller de capacitación para los directores regionales sobre el valor, la orientación y los objetivos de la evaluación pastoral y el uso de los instrumentos para la región y diócesis; organizar talleres de capacitación para directores diocesanos en las diócesis para orientar sobre la evaluación y sobre el uso del instrumento para la diócesis.

Cuándo: Según los canales normales para la preparación de planes, programas y presupuestos de las entidades correspondientes.

Agentes Responsables: El Comite Consejero Nacional (NAC) en colaboración con el Secretariado para Asuntos Hispanos.

3. Evaluar el plan pastoral en la diócesis.

90 *Cómo:* Convocar representantes de las parroquias y de las pequeñas comunidades eclesiales para usar el instrumento apropiado para llevar a cabo la evaluación; preparar un informe escrito de los resultados de la evaluación para enviar a las oficinas regionales.

Cuándo: Según los canales normales para la preparación de planes, programas y presupuestos de las entidades correspondientes.

Agentes Responsables: El obispo, el vicario y las oficinas diocesanas para asuntos hispanos.

4. Evaluar el plan pastoral en la región

91 *Cómo:* Convocar representates de las diócesis y utilizar el instrumento apropiado para llevar a cabo la evaluación; preparar un informe escrito de los resultados de la evaluación para enviarlo a la oficina nacional.

Cuándo: Según los canales normales para la preparación de planes, programas y presupuestos de las entidades correspondientes.

Agentes Responsables: Las oficinas regionales.

5. Evaluar el plan pastoral en el país

92 *Cómo:* Convocar representantes de todas las regiones y usar el instrumento apropiado para realizar la evaluación; preparar un informe escrito de los resultados de la evaluación para ser incorporado en las evaluaciones regionales y diocesanas para una interpretación completa de la evaluación.

Cuándo: Según los canales normales para la preparación de planes, programas y presupuestos de las entidades correspondientes.

Agentes Responsables: El Comité de NCCB para Asuntos Hispanos y el Comité Consejero Nacional (NAC) en colaboración con el Secretariado para Asuntos Hispanos.

93 Este plan pastoral es una reflexión a la luz del Evangelio de la espiritualidad del pueblo hispano. Es una manifestación y respuesta de fe.

Cuando consideramos esta espiritualidad, vemos que uno de sus aspectos más importantes es el sentido de la presencia de Dios que sirve de estímulo para vivir los compromisos diarios.

En este sentido el Dios transcendente está presente en los eventos y vidas de los humanos. Hasta podemos hablar de Dios como miembro de la familia, con quien uno conversa y a quien acudimos, no sólo en momentos de oración fervorosa sino también en el vivir diario. Así, Dios nunca nos falta. El es Emanuel, Dios-con-nosotros.

94 Los hispanos encuentran a Dios en brazos de la Virgen María. Es por eso que María, la Madre de Dios, toda bondad, compasión, protección, inspiración, modelo . . . está en el corzón de la espiritualidad hispana.

Los santos, nuestros hermanos y hermanas que ya han completado su vida en el seguimiento de Jesús, son ejemplos e instrumentos de la revelación de la bondad de Dios por medio de su intercesión y ayuda.

Todo esto hace que la espiritualidad de los hispanos sea un hogar de relaciones vivas, una familia, una comunidad que se manifiesta y concretiza más en la vida diaria que en la teoría.

95 La espiritualidad de los hispanos tiene como una de sus fuentes las "semillas del Verbo" de las culturas pre-hispánicas, que consideraban la relación con los dioses y la naturaleza como parte integral de la vida. En algunos casos, los misioneros adoptaron estas costumbres y actitudes; las enriquecieron e iluminaron para que encarnaran la Palabra Divina de la Sagrada Escritura y de la fe cristiana y les dieron vida en el arte y el drama religioso. Todo esto creó devociones populares que preservan y alimentan la espiritualidad del pueblo. Al mismo tiempo, los principios cristianos se expresan diariamente en actitudes y acciones que revelan los valores divinos en la experiencia del pueblo hispano. Esta espiritualidad se ha mantenido viva en el hogar y es una tradición profunda en la familia.

96 La espiritualidad de los hispanos, una realidad viva a lo largo de su peregrinaje, se manifiesta en muchas formas. A veces es en forma de oración, novenas, canciones y gestos sagrados. Se manifiesta también en las relaciones personales y la hospitalidad. Otras veces, se muestra como tolerancia, paciencia, fortaleza y esperanza en medio del sufrimiento y las dificultades. Esta espiritualidad también inspira la lucha por la libertad, la justicia y la paz. Con frecuencia se manifiesta en compromiso y perdón como también en celebración, danzas, imágenes y símbolos sagrados. Altarcitos, imágenes y velas en la casa son sacramentales de la presencia de Dios. Las pastorelas, las *posadas*, los *nacimientos*, el *via crucis*, las *peregrinaciones*, las procesiones y las bendiciones que ofrecen las madres, los padres y los abuelos son manifestaciones de esta espiritualidad y fe profunda.

97 A través de los siglos, estas devociones se han desviado o empobrecido por falta de una catequesis clara y enriquecedora. Este plan pastoral con su énfasis evangelizador, comunitario y formativo puede ser ocasión de evangelización para estas devociones populares y un aliciente para enriquecer las celebraciones litúrgicas con expresiones culturales de fe. Este plan trata de libertar al Espíritu que vive en las reuniones del pueblo.

98 El proceso del III Encuentro fue un paso más hacia el desarrollo y crecimiento de esta espiritualidad. Muchos participantes parecen haber cambiado de una espiritualidad personal y de familia a una espiritualidad comunitaria y eclesial; de reconocer la injusticia individual y hacia la familia a reconocer la injusticia hacia el pueblo. Este crecimiento también se vió en su experiencia de ser Iglesia, en su familiaridad con los documentos eclesiales en su participación activa en liturgias y oraciones.

99 La celebración eucarística tiene un lugar especial para este pueblo que celebra la vida y la muerte con gran intensidad y significado. La liturgia y los sacramentos ofrecen a este pueblo con gran sentido religioso los elementos de comunidad, la certeza de la gracia, la realidad del Misterio Pascual en la muerte y resurrección del Señor en su pueblo. Esto es verdaderamente lo que ocurre en la celebración de la Eucaristía, fuente de nuestra unidad. Existen muchas posibilidades de enriquecer las celebraciones sacramentales con originalidad y gozo. Estos momentos sacramentales manifiestan la espiritualidad y la mística que brotan de la vocación cristiana y de su identidad hispana.

100 En una reunión alrededor de una simple y común mesa, Jesús dijo a sus discípulos "hagan esto en conmemoración mía." Fue en esta reunión de amigos que Jesús reveló su misión, su vida, su oración más íntima y luego les pidió que hicieran lo mismo en su memoria. Les ordenó que hicieran en su vida todo lo que él habia hecho, y por lo que él iba a dar su vida. Esta costumbre de compartir la mesa ha servido de alimento a los hispanos en su historia. Al igual que los discípulos de Jesús, ellos reservan un sitio para él en su mesa.

101 Durante el proceso del III Encuentro, muchos católicos hispanos han tratado de vivir en diálogo con su Dios que inspira y motiva, con María que acompañó a los discípulos de Jesús. El plan pastoral se basa en las reuniones y el compartir del pueblo hispano. Es una expresión de la presencia de Dios en nosotros. El plan pastoral es una manera de que el Pueblo de Dios exprese su vida con el Espíritu, una vida profundamente enraizada en el Evangelio.

IX. Apéndices

A. Bibliografía

I Encuentro Nacional Hispano de Pastoral, Conclusiones, Secretariado para Asuntos Hispanos, NCCB/USCC, Washington, D.C., 1972.

II Encuentro Nacional Hispano de Pastoral, Conclusiones, Secretariado para Asuntos Hispanos, NCCB/USCC, Washington, D.C., 1977.

Evangelii Nuntiandi (Sobre la Evangelización en el Mundo Contemporáneo), Exhortación Apostólica del Papa Pablo VI, 1975.

Gaudium et Spes (Constitución Pastoral de la Iglesia en el Mundo Actual), Vaticano II, 1965.

The Hispanic Catholic in the United States: A Socio-Cultural and Religious Profile, Roberto González y Michael LaVelle, Northeast Catholic Pastoral Center for Hispanics, Inc., 1985.

Oficina de los Censos de los Estados Unidos, December, 1987.

La Presencia Hispana: Esperanza y Compromiso, Carta Pastoral, USCC Office of Publishing and Promotion Services, Washington, D.C., 1984.

Sectas o Nuevos Movimientos Religiosos: Un Reto Pastoral, Secretariado del Vaticano para la Unidad Cristiana, 1986.

Voces Proféticas: Documento del III Encuentro Nacional Hispano de Pastoral, Secretariado para Asuntos Hispanos, USCC Office of Publishing and Promotion Services, Washington, D.C., 1986.

B. Indice de Referencias

Este índice de referencias muestra la relación entre el Plan Pastoral y previos documentos producidos durante el proceso del III Encuentro. Estas fuentes, especialmente la carta pastoral *La Presencia Hispana: Esperanza y Compromiso* (PH) y *Voces Proféticas: Documento del Proceso del III Encuentro Nacional Hispano de Pastoral* (VP) se pueden consultar fácilmente usando este índice.

Plan Pastoral	Referencias
II. Contexto de la Realidad Hispana	
A. Historia	PH, no. 6
B. Cultura	PH, no. 1
C. Realidad Social	PH, no. 7
V. Objetivo General	VP, nos. 4, 5, 6, 7, 8
VI. Dimensiones Específicas	
A. *Pastoral de Conjunto*	VP, no. 4
B. Evangelización	VP, nos. 5, 7
C. Opción Misionera	VP, nos. 1, 2, 3, 8, 9
D. Formación	VP, no. 6
A. Pastoral de Conjunto	
1. Antecedentes	PH, nos. 11, 17 VP, Evangelización, pp. 7, 8
3. Programas y proyectos	VP, nos. 11, 31
a) Integración pastoral	VP, nos. 11, 31
b) Coordinación de la Acción Pastoral Hispana	VP, no. 13
c) Asesoramiento para la pastoral hispana	VP, no. 12
d) Comunicación Pastoral	VP, nos. 15, 16, 21, 25
B. Evangelización	
1. Antecedentes	PH, nos. 11, 15; VP, Evangelización, p. 7 (Introducción) VP, Educación Integral, p. 8, 9.
3. Programas y proyectos	
a. Elaboración de criterios y entrenamiento para la creación, desarrollo y apoyo de pequeñas comunidades eclesiales	VP, nos. 10, 14, 17
b. Renovación parroquial para desarrollo comunitario y misionero	VP, nos. 18, 19, 20, 26, 28

C. Opción Misionera

1. Antecedentes

VP, Justicia Social p. 10, 11
PH, nos. 12.i, j, k, l

3. Programas y proyectos

a. Organización y Asesoramiento para trabajadores del campo (migrantes)

VP, nos. 21, 22, 23

b. Concientización sobre responsabilidad social cristiana y desarrollo de líderes

VP, nos. 23, 24, 26, 29

c. Hispanos en el Ejército

d. Convocación y asesoramiento de pastoral para la familia

VP, nos. 23, 37, 43

e. La mujer y su papel en la Iglesia

VP, nos. 22, 23

f. Pastoral Juvenil

VP, Juventud pgs. nos. 11, 12, 13
VP, nos. 30, 32, 33, 34, 35, 36, 38

D. Formación

1. Antecedentes

HP, no. 12.a, c, d, e, f;
VP, Formación de líderes, 87

3. Programas y proyectos

a. Programa de Reflexión

VP, nos. 39, 40

b. Proyecto de Investigación

VP, no, 43

c. Programas para reclutar vocaciones religiosas

PH no., 12.e, i y
VP, nos. 42, 43

d. Programas de formación

VP, nos. 41, 42, 43, 44

e. Programa de Elaboración de materiales

C. DIAGRAMA ORGANIZADOR

En este plan los "Agentes Responsables" son las organizaciones o entidades responsables de implementar los programas y proyectos específicos. Este plan de organización ayuda a ver en una ojeada las organizaciones de la Iglesia que han sido asignadas a cada tarea. Los números a continuación hacen referencia al sistema de numeración empleado en el texto. El programa o proyecto puede localizarse fácilmente empleando esta referencia.

Organizaciones (Agentes Responsables)	Programas			
	Pastoral de Conjunto	Evangelización	Opción Misionera	Formación
NCCB	24			
Comités:				72
Asuntos Hispanos	25		64	72
	26		66	79
				82
Vocaciones				73
				74
				75
				76
				80
Formación Sacerdotes				80
Diaconado Permanente				80
Laicos y Familia				70
Mujeres en la Sociedad y en la Iglesia			63	78
Jóvenes			64	
			65	
Matrimonio y Familia			60	
			61	
			62	
Liturgia				
Asuntos Ecuménicos e Interreligiosos				83
Migración			57	
USCC	24			72
Departamentos:				
Secretariado para Asuntos Hispanos	22	41	60	70
		42	61	78
	23		62	79
	25		63	82
	26		64	
	32		65	
	36		66	
Comite Consejero Nacional del Secretariado de Asuntos Hispanos		41		

Organizaciones (Agentes Responsables)	Programas			
	Pastoral de Conjunto	Evangelización	Opción Misionera	Formación
Desarrollo Social y Paz Mundial			58	
Campaña para Desarrollo Humano			58	
Communicaciones	35			

DIOCESE

	Pastoral de Conjunto	Evangelización	Opción Misionera	Formación
Obispo diocesano	23 24 27	47		81
Vicario	23 24 27 33	47		81
Departmentos diocesanos	24 29 34 35	45 50	65	70 76 77 81
Oficinas diocesanas para asuntos hispanos	23 26 27 29 33	41 42 43 45 46 47 48 50		70 74 77 81
Equipo promotor diocesano (EPD)	27 29	48		
Area/Centros pastorales	29 30 31	45 48		81 84
Coordinador área	23 28 33			81

PARROQUIA

	Pastoral de Conjunto	Evangelización	Opción Misionera	Formación
Párroco	23 24 28 29	45 48 49 50		70 77
Equipo Pastoral	28	45		70 77
Consejo Pastoral	28	45 48 49 50		70 77
Coordinadores, facilitadores comunidades eclesiales	33			

Organizaciones (Agentes Responsables)	Programas			
	Pastoral de Conjunto	Evangelización	Opción Misionera	Formación
Movimientos y organizaciones apostólicas	23 33	46		
Oficinas regionales para asuntos hispanos	26 27 35	41 42 47 50		74
Federación Nacional de Institutos Pastorales	30 31	41	59 63	70 71 72 78 80 84
Institutos Pastorales	31 35	50		77 81
Comité Nacional para Jóvenes Hispanos (CNH de PJ)			65 66	79
Instituto de Liturgia Hispana	31	50		71 84
Universidades, Colegios y Seminarios católicos				72
Conference of Major Superiors of Men				80
Leadership Conference of Women Religious				80
Arquidiócesis para los Servicios Militares			59	
National Conference of Diocesan Vocation Directors				73 75
National Religious Vocation Directors				73 75

D. Terminología

Acompañamiento: La serie de acciones que iluminan, orientan, guían, apoyan y motivan a la comunidad en su proceso de formación y en su misión evangelizadora.

Agentes de pastoral: Las personas laicas, miembros de la jerarquía y religiosos que laboran en los diversos sectores de la Iglesia y en áreas diferentes.

Análisis de la realidad: Estudiar una realidad dada para entender las causas que la originan en un lugar determinado y en un momento histórico. En la Iglesia, la misión evangelizadora se realiza cuando este estudio se lleva a cabo a la luz del Evangelio para así poder juzgar y responder apropiadamente para que se establezca el Reino. Para obtener una análisis crítico y científico, la Iglesia puede hacer uso de aquellos instrumentos que las ciencias sociales proporcionan.

Antecedentes: Los elementos sociopolíticos, económicos y religiosos de la situación que este plan persigue resolver con acciones concretas.

Asesoría: Aportaciones de los agentes de pastoral especializados en teología, estudios bíblicos, sociología y pastoral que ayudan a profundizar ciertos aspectos de la acción pastoral, formación de líderes y capacitación mientras acompañan a la comunidad en reflexión.

Catolicismo popular: la espiritualidad de los hispanos es un ejemplo de la profunda penetración del cristianismo en las raíces de la cultura. Los hispanos han aprendido a manifestar su fe con oraciones y tradiciones que empezaron con los misioneros y fueron alentadas por ellos y que luego fueron transmitidas a las otras generaciones (PH, p. 65).

Concientización: El proceso que lleva la persona y la comunidad a darse cuenta de su realidad para eventualmente hacerse responsable de cambiar la realidad por medio de campañas de alfabetización, educación y formación.

Diagnóstico: Descripción de condiciones después de examinar los elementos esenciales que han sido determinados durante el análisis de los diferentes aspectos de la realidad.

Dimensión específica: La expresión básica más concreta del objetivo general que expresa una dimensión particular del mismo.

Educación integral: toma en cuenta la totalidad de la persona y no sólo esos aspectos útiles a la sociedad. La persona humana tiene muchas dimensiones: cultural, religiosa, política, económica y sicológica. Reconocemos la necesidad del respeto fundamental por la cultura del educando. (*Proceedings of the II Encuentro Nacional Hispano de Pastoral*, p. 76).

Encuentros: Reuniones de los agentes de pastoral convocados por la jerarquía con el propósito de estudiar, reflexionar y analizar la realidad y el compromiso. Se han usado en los últimos 15 años para guiar y dirigir el proceso pastoral de los hispanos en líneas de acción común.

Equipos móviles (EM): Pequeños grupos entrenados y preparados durante el proceso del III Encuentro para llevar a cabo cada paso del proceso: consultas con la base, formación de grupo, reflexión y otros.

Equipos promotores diocesanos (EPD): Equipo pastoral formado durante el proceso del III Encuentro y cuya misión era coordinar y animar el proceso en la diócesis. El equipo estaba formado por líderes comprometidos, religiosos o laicos, seleccionados como representantes de diferentes áreas de la pastoral.

Evangelización: La Evangelización implica un proceso continuo, a lo largo de la vida, que lleva al cristiano a esforzarse cada vez más por encontrar de manera personal y comunitaria al mensajero, Cristo y a comprometerse totalmente con su mensaje, el Evangelio. *Proceedings of the II Encuentro Nacional Hispano de Pastoral, p. 68.*

Grupos prioritarios: La familia, los pobres, la juventud y las mujeres son los cuatro grupos que el III Encuentro identificó para recibir atención pastoral especial.

Manual guía: Es un instrumento o medio de enseñanza que facilita la formación y el trabajo con las bases de los agentes de pastoral, en asuntos diversos. Incluye el contenido del tema y técnicas y métodos para ser usados en las pequeñas comunidades para facilitar la reflexión y formación.

Marco doctrinal: Los aspectos bíblicos, teológicos y pastorales que iluminan e inspiran las opciones concretas de un plan o proyecto pastoral específico.

Mestizaje: La unión histórica, cultural y espiritual de dos pueblos diferentes que genera un nuevo pueblo, una nueva cultura y espiritualidad.

Mística: Las motivaciones y valores profundos que dan vida al proceso del pueblo, crean experiencias de fe y producen una espiritualidad que da incentivo a la vida y a la pastoral.

Objetivo general: Es el principio que orienta y proporciona una visión común. Es el propósito fundamental de los programas y proyectos.

Pastoral: Las acciones concretas de las comunidades eclesiales que comunican al mundo el mensaje cristiano de la salvación. Es pastoral en la medida en que va guíada por la revelación, la orientación de la Iglesia y las condiciones temporales de la humanidad.

Pastoral de conjunto: Es la coordinación armoniosa de todos los elementos de la pastoral con las acciones de los agentes de pastoral y las estructuras con un fin común: el Reino de Dios. No es sólo una metodología sino la expresión de la esencia y misión de la Iglesia que es ser y crear comunión.

Pequeñas comunidades eclesiales: Pequeños grupos de fieles organizados para relacionarse personal y comunitariamente de manera más intensa y para una mayor participación en la vida y la misión de la Iglesia. *Instrumentun Laboris* para el Sínodo sobre los laicos de 1987 (no. 58).

Plan pastoral: El instrumento técnico que organiza, facilita y coordina las acciones de toda la Iglesia en la realización de su misión evangelizadora. Está al servicio de la pastoral de conjunto. Cada uno, con su carisma y ministerio propio, actúa dentro del plan común.

Planificación Pastoral: La organización eficaz de todo el proceso de la vida de la Iglesia en el cumplimiento de su misión de ser fermento del Reino de Dios en este mundo. La planificación pastoral incluye los siguientes elementos:

- análisis de la realidad en donde la Iglesia tiene que llevar a cabo su misión;
- reflexión sobre esta realidad a la luz del Evangelio y de las enseñanzas de la Iglesia;
- compromiso a la acción como resultado de la reflexión
- reflexión teológica-pastoral sobre este proceso;

- desarrollo de un plan pastoral;
- implementación;
- celebración de los logros de esta experiencia vital;
- y la continua evaluación de lo que se hace.

Proceso pastoral: El esfuerzo constante de la Iglesia por acompañar al pueblo en su peregrinar. Es la sucesión sistemática de acciones, eventos y acontecimientos que orientan las acciones de la Iglesia local o nacional en cada momento histórico en servicio de su misión.

Programas y proyectos: Las acciones operativas que identifican y avanzan los objetivos específicos. Cada programa puede incluir varios proyectos.

Proselitismo: Las actitudes y el comportamiento inapropiado al dar testimonio cristiano. El proselitismo incluye: todo lo que viola el derecho de la persona humana, cristiana o no, de estar libre de presiones en asuntos religiosos o de otra índole, en la proclamación del Evangelio; lo que no está de acuerdo con la manera en que Dios atrae a las personas libres hacia Él en respuesta a su llamada a servir en espíritu y verdad (*The Ecumenical Review*—Vol XIII No.1, *"Common Witness and Proselytism:* A Study Document.

Reflexión teológica-pastoral: La acción o serie de acciones por las cuales estudiamos y descubrimos dentro de un contexto de fe la base del mensaje cristiano y el significado evangélico de la tarea pastoral.